LIGAMUNDO

LÍNGUA PORTUGUESA

LUZIA FONSECA MARINHO
Licenciada em Letras pela Faculdade de Filosofia, Ciências e Letras de Moema
e Pós-graduada em Formação de leitores
Assessora pedagógica em Língua Portuguesa em escolas particulares
Professora de Língua Portuguesa no Ensino Fundamental

MARIA DA GRAÇA BRANCO
Mestra em Educação pela Faculdade de Educação da Universidade Estadual de Campinas (Unicamp)
Supervisora escolar na rede pública municipal de São Paulo

1º ano
Ensino Fundamental • Anos Iniciais

Editora Saraiva
São Paulo – 1ª edição – 2018

Editora Saraiva

Direção geral: Guilherme Luz
Direção editorial: Luiz Tonolli e Renata Mascarenhas
Gestão de projeto editorial: Tatiany Renó
Gestão e coordenação de área: Alice Silvestre e Camila De Pieri Fernandes
Edição: Ana Paula Enes, Carolina von Zuben, Marina S. Lupinetti, Rosângela Rago, Sheila Tonon Fabre e Vivian Marques Viccino (editoras), Débora Teodoro, Marina Caldeira Antunes e Patrícia Rocco S. Renda (assist.)
Assessoria pedagógica: Roberta Hernandes
Gerência de produção editorial: Ricardo de Gan Braga
Planejamento e controle de produção: Paula Godo, Roseli Said e Marcos Toledo
Colaboração para desenvolvimento da seção *Conectando saberes*: Mauro César Brosso e Suzana Obara
Revisão: Hélia de Jesus Gonsaga (ger.), Kátia Scaff Marques (coord.), Rosângela Muricy (coord.), Ana Curci, Ana Paula C. Malfa, Célia Carvalho, Claudia Virgilio, Diego Carbone, Flavia S. Vênezio, Gabriela M. Andrade, Hires Heglan, Larissa Vazquez, Luciana B. Azevedo, Luís M. Boa Nova, Maura Loria, Patricia Cordeiro, Rita de Cássia C. Queiroz, Sueli Bossi, Vanessa P. Santos; Amanda Teixeira Silva e Bárbara de Melo Genereze (estagiárias)
Arte: Daniela Amaral (ger.), Catherine Saori Ishihara (coord.), Ana Miadaira e Tomiko C. Suguita (edição de arte)
Diagramação: Kleber de Messas, Luiza Massucato e Nicola Loi
Iconografia: Sílvio Kligin (ger.), Claudia Bertolazzi (coord.) e Fernanda Regina Sales Gomes (pesquisa iconográfica)
Licenciamento de conteúdos de terceiros: Thiago Fontana (coord.), Angra Marques e Liliane Rodrigues (licenciamento de textos), Erika Ramires, Luciana Pedrosa Bierbauer e Claudia Rodrigues (analistas adm.)
Tratamento de imagem: Cesar Wolf e Fernanda Crevin
Ilustrações: Adolar, Biry Sarkis, Bruna Assis Brasil, Clarissa França, Estúdio Chanceler, Hélio Senatore, Patricia Lima, Patricia Paulozi, Paulo Borges, Roberto Weigand e Waldomiro Neto
Design: Gláucia Correa Koller (ger.), Erika Tiemi Yamauchi Asato (proj. gráfico e capa) e Talita Guedes da Silva (capa)
Foto de capa: Samuel Borges Photography/Getty Images
Ilustração de capa: Ideário Lab

Avenida das Nações Unidas, 7221, 1º andar, Setor A – Espaço 2 – Pinheiros – SP – CEP 05425-902
SAC 0800 011 7875
www.editorasaraiva.com.br

Dados Internacionais de Catalogação na Publicação (CIP)
(Câmara Brasileira do Livro, SP, Brasil)

```
Marinho, Luzia Fonseca
   Ligamundo : lingua portuguesa 1º ano / Luzia
Fonseca Marinho, Maria da Graça Branco. -- 1. ed. --
São Paulo : Saraiva, 2018.

   Suplementado pelo manual do professor.
   Bibliografia.
   ISBN 978-85-472-3451-5 (aluno)
   ISBN 978-85-472-3452-2 (professor)

   1. Português (Ensino fundamental) I. Branco, Maria
da Graça. II. Título.

18-16314                                   CDD-372.6
```

Índices para catálogo sistemático:

1. Português : Ensino fundamental 372.6

Maria Alice Ferreira - Bibiotecária - CRB-8/7964

2022
Código da obra CL 800638
CAE 627909 (AL) / 627911 (PR)
1ª edição
8ª impressão

Impressão e acabamento: Bercrom Gráfica e Editora

Uma publicação SOMOS EDUCAÇÃO

APRESENTAÇÃO

CARO ALUNO,

DESDE BEM PEQUENOS, NO CONVÍVIO COM AS PESSOAS QUE NOS CERCAM, PASSAMOS A ENTENDER E A FALAR A LÍNGUA PORTUGUESA. MAS ISSO É SÓ O COMEÇO DE TUDO O QUE PODEMOS APRENDER SOBRE NOSSA LÍNGUA E NOSSA CULTURA.

ENTÃO, PREPARAMOS ESTE LIVRO CUIDADOSAMENTE, PARA QUE SEU APRENDIZADO SEJA CHEIO DE DESCOBERTAS! COM ELE, VOCÊ VAI FAZER LEITURAS INTERESSANTES, EXPLORAR SUA IMAGINAÇÃO E CRIATIVIDADE NA PRODUÇÃO DE TEXTOS DIVERSOS, ALÉM DE EXPRESSAR SUAS IDEIAS E OPINIÕES SOBRE VÁRIOS ASSUNTOS.

PALAVRAS E IMAGENS ESTÃO POR TODOS OS LADOS. LER ESSAS PALAVRAS E IMAGENS É TAMBÉM LER O MUNDO. ENTÃO, BOA LEITURA!

AS AUTORAS

CONHEÇA SEU LIVRO

ABERTURA DA UNIDADE

AQUI VOCÊ VAI LER IMAGENS, REFLETIR E CONVERSAR COM OS COLEGAS E O PROFESSOR SOBRE O TRABALHO NA UNIDADE.

UNIDADE 4
BRINCADEIRA TAMBÉM TEM REGRA

NESTA UNIDADE, VOCÊ VAI:
- LER E ESCREVER TEXTOS COM INSTRUÇÕES E REGRAS.
- IDENTIFICAR PALAVRAS COM SONS INICIAIS E FINAIS IGUAIS.
- DIFERENCIAR AS LETRAS P E B E AS LETRAS T E D NAS PALAVRAS.
- EXPLICAR REGRAS.
- NOMEAR E ESCREVER AS LETRAS DO ALFABETO.

OBSERVE A IMAGEM AO LADO. DEPOIS, CONVERSE COM OS COLEGAS E O PROFESSOR SOBRE ESTAS QUESTÕES.

1. O QUE VOCÊ VÊ NA IMAGEM?
2. VOCÊ CONHECE ALGUMA BRINCADEIRA RETRATADA NA IMAGEM? QUAL?
3. QUAIS DESSAS BRINCADEIRAS SÃO MAIS APROPRIADAS PARA BRINCAR DENTRO DE CASA? POR QUÊ?
4. QUAL É SUA BRINCADEIRA PREFERIDA? COMO VOCÊ A APRENDEU?
5. TODAS AS BRINCADEIRAS TÊM REGRAS?
   - QUAIS SÃO AS REGRAS DA SUA BRINCADEIRA FAVORITA?

CONHECENDO O TEXTO

NESTA SEÇÃO VOCÊ VAI LER UM TEXTO E EXPLORAR SEUS SENTIDOS E SUA CONSTRUÇÃO.

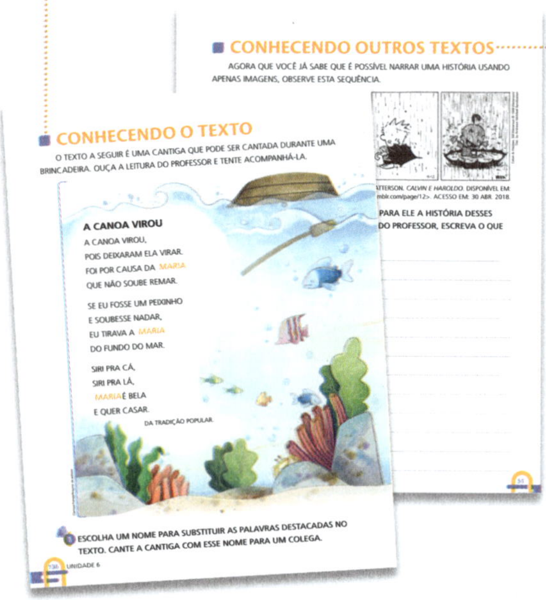
CONHECENDO OUTROS TEXTOS

AGORA QUE VOCÊ JÁ SABE QUE É POSSÍVEL NARRAR UMA HISTÓRIA USANDO APENAS IMAGENS, OBSERVE ESTA SEQUÊNCIA.

CONHECENDO O TEXTO

O TEXTO A SEGUIR É UMA CANTIGA QUE PODE SER CANTADA DURANTE UMA BRINCADEIRA. OUÇA A LEITURA DO PROFESSOR E TENTE ACOMPANHÁ-LA.

A CANOA VIROU

A CANOA VIROU,
POIS DEIXARAM ELA VIRAR.
FOI POR CAUSA DA MARIA
QUE NÃO SOUBE REMAR.

SE EU FOSSE UM PEIXINHO
E SOUBESSE NADAR,
EU TIRAVA A MARIA
DO FUNDO DO MAR.

SIRI PRA CÁ,
SIRI PRA LÁ,
MARIA É BELA
E QUER CASAR.

DA TRADIÇÃO POPULAR.

ESCOLHA UM NOME PARA SUBSTITUIR AS PALAVRAS DESTACADAS NO TEXTO. CANTE A CANTIGA COM ESSE NOME PARA UM COLEGA.

CONHECENDO OUTROS TEXTOS

ESTE SERÁ O MOMENTO DA LEITURA DE UM NOVO TEXTO E DE REFLETIR SOBRE SEMELHANÇAS E DIFERENÇAS ENTRE TEXTOS.

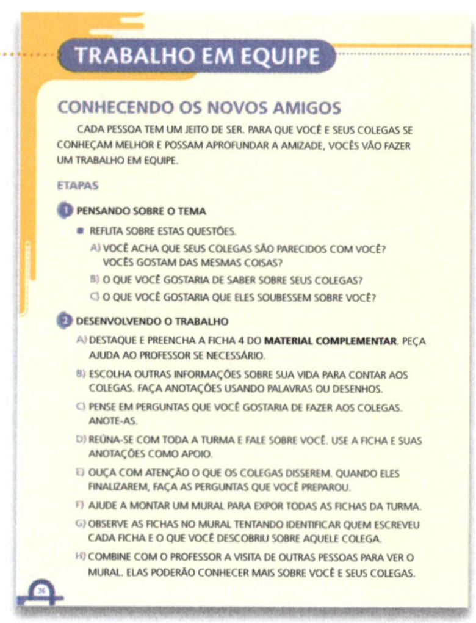
TRABALHO EM EQUIPE

CONHECENDO OS NOVOS AMIGOS

CADA PESSOA TEM UM JEITO DE SER. PARA QUE VOCÊ E SEUS COLEGAS SE CONHEÇAM MELHOR E POSSAM APROFUNDAR A AMIZADE, VOCÊS VÃO FAZER UM TRABALHO EM EQUIPE.

ETAPAS

1. PENSANDO SOBRE O TEMA
   - REFLITA SOBRE ESTAS QUESTÕES.
   A) VOCÊ ACHA QUE SEUS COLEGAS SÃO PARECIDOS COM VOCÊ? VOCÊS GOSTAM DAS MESMAS COISAS?
   B) O QUE VOCÊ GOSTARIA DE SABER SOBRE SEUS COLEGAS?
   C) O QUE VOCÊ GOSTARIA QUE ELES SOUBESSEM SOBRE VOCÊ?
2. DESENVOLVENDO O TRABALHO
   A) DESTAQUE E PREENCHA A FICHA 4 DO MATERIAL COMPLEMENTAR. PEÇA AJUDA AO PROFESSOR SE NECESSÁRIO.
   B) ESCOLHA OUTRAS INFORMAÇÕES SOBRE SUA VIDA PARA CONTAR AOS COLEGAS. FAÇA ANOTAÇÕES USANDO PALAVRAS OU DESENHOS.
   C) PENSE EM PERGUNTAS QUE VOCÊ GOSTARIA DE FAZER AOS COLEGAS. ANOTE-AS.
   D) REÚNA-SE COM TODA A TURMA E FALE SOBRE VOCÊ. USE A FICHA E SUAS ANOTAÇÕES COMO APOIO.
   E) OUÇA COM ATENÇÃO O QUE OS COLEGAS DISSEREM. QUANDO ELES FINALIZAREM, FAÇA AS PERGUNTAS QUE VOCÊ PREPAROU.
   F) AJUDE A MONTAR UM MURAL PARA EXPOR TODAS AS FICHAS DA TURMA.
   G) OBSERVE AS FICHAS NO MURAL TENTANDO IDENTIFICAR QUEM ESCREVEU CADA FICHA E O QUE VOCÊ DESCOBRIU SOBRE AQUELE COLEGA.
   H) COMBINE COM O PROFESSOR A VISITA DE OUTRAS PESSOAS PARA VER O MURAL. ELAS PODERÃO CONHECER MAIS SOBRE VOCÊ E SEUS COLEGAS.

TRABALHO EM EQUIPE

VOCÊ E OS COLEGAS VÃO DESENVOLVER TRABALHOS COLETIVOS.

REFLETINDO SOBRE A LÍNGUA

NESTE MOMENTO VOCÊ VAI REFLETIR SOBRE A LÍNGUA EM USO NO TEXTO EM ESTUDO.

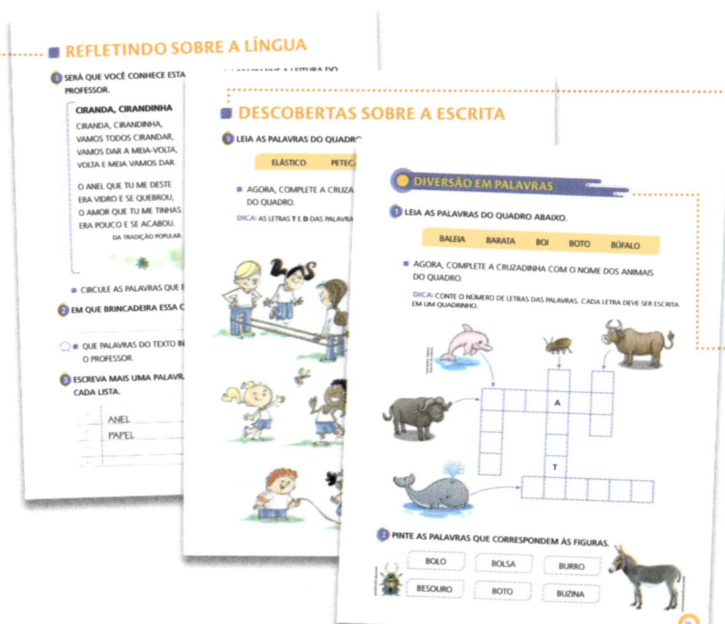
REFLETINDO SOBRE A LÍNGUA

CIRANDA, CIRANDINHA

CIRANDA, CIRANDINHA,
VAMOS TODOS CIRANDAR,
VAMOS DAR A MEIA-VOLTA,
VOLTA E MEIA VAMOS DAR.

O ANEL QUE TU ME DESTE
ERA VIDRO E SE QUEBROU,
O AMOR QUE TU ME TINHAS
ERA POUCO E SE ACABOU.

DA TRADIÇÃO POPULAR.

DESCOBERTAS SOBRE A ESCRITA

DIVERSÃO EM PALAVRAS

1. LEIA AS PALAVRAS DO QUADRO ABAIXO.

BALEIA · BARATA · BOI · BOTO · BÚFALO

- AGORA, COMPLETE A CRUZADINHA COM O NOME DOS ANIMAIS DO QUADRO.

DICA: CONTE O NÚMERO DE LETRAS DAS PALAVRAS. CADA LETRA DEVE SER ESCRITA EM UM QUADRINHO.

2. PINTE AS PALAVRAS QUE CORRESPONDEM ÀS FIGURAS.

BOLO · BOLSA · BURRO · BESOURO · BOTO · BUZINA

DESCOBERTAS SOBRE A ESCRITA

NESTA SEÇÃO VOCÊ VAI APRENDER MAIS SOBRE A ESCRITA.

DIVERSÃO EM PALAVRAS

AQUI VOCÊ VAI APRENDER POR MEIO DE ATIVIDADES, JOGOS E DESAFIOS.

AUTOAVALIAÇÃO

NESTA SEÇÃO VOCÊ PODERÁ REFLETIR SOBRE O QUE APRENDEU NA UNIDADE E SOBRE SEU DESEMPENHO.

SUGESTÕES

AQUI VOCÊ ENCONTRA SUGESTÕES PARA AMPLIAR SEUS CONHECIMENTOS.

PRATICANDO A FALA E A ESCUTA

NESTA SEÇÃO, VOCÊ VAI PODER PRATICAR A FALA EM DIFERENTES SITUAÇÕES E TAMBÉM EXERCITAR A ESCUTA ATENTA.

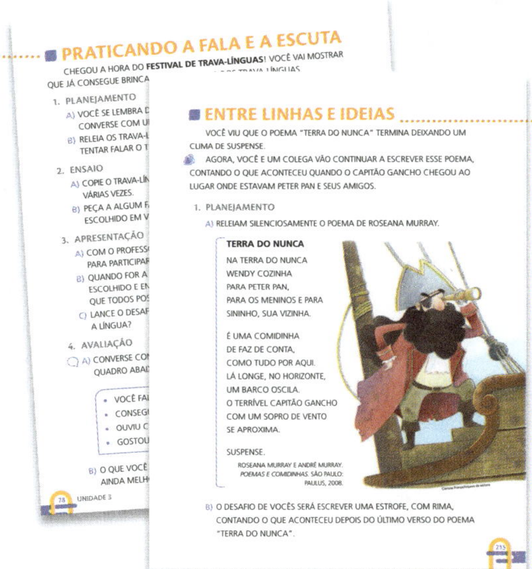

ENTRE LINHAS E IDEIAS

AO PRODUZIR UM TEXTO ESCRITO, VOCÊ TERÁ A OPORTUNIDADE DE PÔR EM PRÁTICA O QUE APRENDEU.

CONECTANDO SABERES

ESTE É O MOMENTO DE REFLETIR SOBRE CIDADANIA E PERCEBER A RELAÇÃO ENTRE DIVERSOS CONHECIMENTOS.

CONVITE LITERÁRIO

NESTE MOMENTO VOCÊ É CONVIDADO A APRECIAR OUTROS TEXTOS LITERÁRIOS, CONHECER SEUS SENTIDOS E AMPLIAR SEU CONHECIMENTO.

ÍCONES QUE INDICAM COMO REALIZAR AS ATIVIDADES:

ORAL EM DUPLA EM GRUPO

NOTA: AS SUGESTÕES DE VÍDEOS E *SITES* FEITAS NO LIVRO TÊM O OBJETIVO DE AMPLIAR SEU APRENDIZADO, E NÃO DE FAZER PROPAGANDA DE NENHUM PRODUTO.

SUMÁRIO

Clarissa França/Arquivo da editora

Clarissa França/Arquivo da editora

Clarissa França/ Arquivo da editora

UNIDADE 8

CONTE OUTRA VEZ! 186

Clarissa França/Arquivo da editora

UNIDADE 9

POESIA TODO DIA 206

Clarissa França/Arquivo da editora

UNIDADE

1 OLÁ, AMIGOS!

NESTA UNIDADE, VOCÊ VAI:

- CONHECER E RECITAR QUADRINHAS.
- CONHECER AS LETRAS DO ALFABETO.
- LER E ESCREVER SEU NOME.
- DIFERENCIAR LETRAS DE OUTROS SÍMBOLOS.

OBSERVE A IMAGEM AO LADO E CONVERSE COM OS COLEGAS E O PROFESSOR SOBRE ESTAS QUESTÕES.

1. AS PESSOAS NA ILUSTRAÇÃO ESTÃO EM UM MESMO LUGAR. QUE LUGAR É ESSE?
2. AS CRIANÇAS PARECEM ALEGRES. POR QUE ELAS ESTARIAM ASSIM?
3. VOCÊ LOCALIZA ALGUMA LETRA NA IMAGEM? QUAL?
4. COM A AJUDA DO PROFESSOR, LEIA O TÍTULO DESTA UNIDADE.
   A) EM QUE SITUAÇÕES ESSA EXPRESSÃO COSTUMA SER USADA?
   B) EM SUA OPINIÃO, POR QUE ELA FOI USADA NESTE MOMENTO?
5. VOCÊ JÁ CONHECE ALGUM COLEGA DA TURMA? QUEM?
6. PARA VOCÊ, A ESCOLA É UM LUGAR LEGAL? O QUE VOCÊ ESPERA APRENDER NA ESCOLA?

PARTICIPE DO **TRABALHO EM EQUIPE** NO FINAL DA UNIDADE!

SEJAM BEM-VINDOS!
AVISOS
PAPEL
PLÁSTICO
VIDRO
METAL

QUADRINHA

VOCÊ GOSTA DE BRINCADEIRAS QUE SÃO ACOMPANHADAS DE VERSINHOS PARA RECITAR? CONHECE ALGUNS DESSES VERSINHOS?

1 ESCUTE A QUADRINHA QUE O PROFESSOR VAI LER. SERÁ QUE VOCÊ A CONHECE?

BATATINHA QUANDO NASCE
ESPALHA A RAMA PELO CHÃO,
MENININHA QUANDO DORME
PÕE A MÃO NO CORAÇÃO.

DA TRADIÇÃO POPULAR.

Clarissa França/Arquivo da editora

- AGORA, APROVEITE A QUADRINHA PARA BRINCAR COM OS COLEGAS.
  - A) CRIEM UMA SEQUÊNCIA DE GESTOS QUE COMBINE COM A QUADRINHA.
  - B) RECITEM A QUADRINHA TODOS JUNTOS, FAZENDO OS GESTOS QUE CRIARAM.

2 VOCÊ JÁ OUVIU OUTRAS QUADRINHAS? SABE RECITAR ALGUMA?

- SE VOCÊ SOUBER OUTRAS QUADRINHAS, ESCOLHA UMA E RECITE-A PARA OS COLEGAS. PRESTE ATENÇÃO NAS QUE ELES APRESENTAREM.

CONHECENDO O TEXTO

AGORA, VOCÊ VAI CONHECER MAIS UMA QUADRINHA PARA SE DIVERTIR.

OUÇA COM ATENÇÃO A LEITURA DO PROFESSOR E TENTE ACOMPANHÁ-LA.

QUEM QUISER SABER MEU NOME
DÊ UMA VOLTA NO JARDIM,
QUE MEU NOME ESTÁ ESCRITO
NUMA FOLHA DE JASMIM.

DA TRADIÇÃO POPULAR.

Clarissa França/Arquivo da editora

1 **QUAL DESTAS FOLHAS APARECE NA QUADRINHA?**

- ESCREVA SEU NOME NA FOLHA ADEQUADA, DE ACORDO COM O TEXTO.

MR.PAPASR MAKEE/Shutterstock

2 **NA QUADRINHA, PARA SABER O NOME DA PESSOA É PRECISO DAR:**

☐ UM PULO NO JARDIM.

☐ UMA VOLTA NO JARDIM.

3 **O PROFESSOR VAI RELER A QUADRINHA. ESCUTE-A COM ATENÇÃO.**

- QUE PALAVRAS SE DESTACAM NA LEITURA E TÊM SOM FINAL PARECIDO? PINTE-AS NO TEXTO.

4 ACOMPANHE A LEITURA DE MAIS UMA QUADRINHA.

ESCREVI TEU BELO NOME
NA PALMA DA MINHA MÃO.
PASSOU UM PÁSSARO E DISSE:
ESCREVE NO TEU CORAÇÃO.

DA TRADIÇÃO POPULAR.

Clarissa França/Arquivo da editora

A) NA VIDA REAL, É POSSÍVEL ESCREVER O NOME NO CORAÇÃO DE UMA PESSOA?

- O QUE SIGNIFICA ESCREVER O NOME DE ALGUÉM NO CORAÇÃO?

B) PENSE EM UM NOME QUE VOCÊ ACHA BONITO.

- ESCREVA ESSE NOME DENTRO DO DESENHO DE CORAÇÃO.

Ilustrações: Paulo Borges/Arquivo da editora

C) QUE PALAVRA PODERIA SER USADA NA QUADRINHA NO LUGAR DE **BELO**, SEM MUDAR O SENTIDO DO TEXTO?

D) COM A AJUDA DO PROFESSOR, REÚNA-SE COM OS COLEGAS E RECITEM A QUADRINHA EM VOZ ALTA.

E) QUE PALAVRAS DA QUADRINHA SE DESTACAM E TÊM SONS FINAIS PARECIDOS? PINTE-AS NO TEXTO.

5 NA QUADRINHA, O PÁSSARO DISSE:

☐ ESCREVE NA PALMA DA TUA MÃO.

☐ ESCREVE NO TEU CORAÇÃO.

6 QUAIS DESTAS PALAVRAS TERMINAM COM OS MESMOS SONS QUE **MÃO** E **CORAÇÃO**?

Ilustrações: Patricia Paulozi/ Arquivo da editora

☐ PÁSSARO

☐ BALA

☐ BALÃO

☐ AVIÃO

☐ CAMINHÃO

7 RELEIA AS DUAS ÚLTIMAS QUADRINHAS QUE VOCÊ APRENDEU.

- QUAL DESTAS PALAVRAS APARECE NOS DOIS TEXTOS?

☐ JARDIM

☐ NOME

☐ PÁSSARO

☐ CORAÇÃO

8 AS QUADRINHAS QUE VOCÊ LEU FAZEM PARTE DA **TRADIÇÃO POPULAR**. CONVERSE COM O PROFESSOR E ASSINALE A AFIRMATIVA CORRETA.

☐ AO LONGO DO TEMPO, AS QUADRINHAS FORAM SENDO PASSADAS DAS PESSOAS MAIS VELHAS PARA AS MAIS JOVENS.

☐ AS QUADRINHAS SÃO SEMPRE SOBRE ANIMAIS, COMO PASSARINHOS.

PRATICANDO A FALA E A ESCUTA

QUANDO SABEMOS UMA QUADRINHA DE MEMÓRIA, RECITÁ-LA COSTUMA FICAR AINDA MAIS DIVERTIDO! VAMOS TENTAR?

VOCÊ E OS COLEGAS VÃO APRESENTAR QUADRINHAS UNS PARA OS OUTROS.

1. **PLANEJAMENTO**

A) ACOMPANHE A LEITURA DESTAS QUADRINHAS FEITA PELO PROFESSOR. PRESTE ATENÇÃO NO RITMO E NOS SONS QUE SE DESTACAM.

SOU PEQUENINA,
CRIANÇA MIMOSA,
TRAGO NAS FACES
AS CORES DA ROSA.

DA TRADIÇÃO POPULAR.

A CASINHA DA VOVÓ
TRANÇADINHA DE CIPÓ.
O CAFÉ TÁ DEMORANDO
COM CERTEZA NÃO TEM PÓ.

DA TRADIÇÃO POPULAR.

B) ESCOLHA UMA DAS QUADRINHAS.

C) LEIA O TEXTO EM SILÊNCIO QUANTAS VEZES FOR PRECISO, ATÉ MEMORIZÁ-LO. O PROFESSOR PODE AJUDAR.

D) LEIA O TEXTO EM VOZ ALTA, BUSCANDO UM RITMO AGRADÁVEL. TENTE DAR DESTAQUE AOS SONS QUE MAIS CHAMARAM SUA ATENÇÃO.

E) SE QUISER, PENSE EM GESTOS QUE PODEM ACOMPANHAR O TEXTO. COMPARTILHE SUAS IDEIAS COM OS COLEGAS.

2. ENSAIO

A) RECITE O TEXTO COM ENTONAÇÃO E EMOTIVIDADE.

B) SE VOCÊ PENSOU EM GESTOS PARA ACOMPANHAR A QUADRINHA, APROVEITE PARA PRATICÁ-LOS.

C) TENTE RECITAR A QUADRINHA DE MEMÓRIA. CASO ESQUEÇA ALGUMA PARTE, CONSULTE O TEXTO ESCRITO.

- QUANDO NÃO PRECISAR MAIS CONSULTAR O TEXTO ESCRITO, VOCÊ ESTARÁ PRONTO PARA A APRESENTAÇÃO.

3. APRESENTAÇÃO

A) PROCURE FALAR EM VOZ ALTA, PARA QUE TODOS POSSAM OUVI-LO.

B) FIQUE ATENTO AO RITMO E AOS SONS DA QUADRINHA.

C) ENQUANTO FALA, LEMBRE-SE DE OLHAR PARA OS COLEGAS.

D) DURANTE A APRESENTAÇÃO DOS COLEGAS, OUÇA-OS EM SILÊNCIO E COM ATENÇÃO.

4. AVALIAÇÃO

- CONVERSE SOBRE AS APRESENTAÇÕES COM OS COLEGAS E O PROFESSOR.

- COMO VOCÊ SE SENTIU AO FALAR PARA TODA A TURMA? TEVE ALGUMA DIFICULDADE?
- SUA APRESENTAÇÃO OCORREU COMO O PLANEJADO? POR QUÊ?
- VOCÊ PRESTOU ATENÇÃO NA APRESENTAÇÃO DOS COLEGAS? O QUE MAIS CHAMOU SUA ATENÇÃO?
- EM UMA PRÓXIMA APRESENTAÇÃO, VOCÊ FARIA ALGO DIFERENTE? O QUÊ?

CONHECENDO OUTROS TEXTOS

VOCÊ VAI LER OUTRA QUADRINHA E VER QUE NELA HÁ UMA BRINCADEIRA COM UM NOME.

ACOMPANHE A LEITURA DO PROFESSOR.

EU GOSTO DA LETRA B
POR ELA TENHO PAIXÃO
COM ELA ESCREVO BIANCA
BIANCA DO MEU CORAÇÃO.

DA TRADIÇÃO POPULAR.

Clarissa França/Arquivo da editora

1 **QUE NOME APARECE NA QUADRINHA?**

☐ ISABELA ☐ BEATRIZ ☐ REBECA ☐ BIANCA

2 **AGORA, TROQUE O NOME USADO NA QUADRINHA PELO NOME DE ALGUÉM DE QUEM VOCÊ GOSTE MUITO. COMPLETE O TEXTO ABAIXO.**

EU GOSTO DA LETRA ....
POR ELA TENHO PAIXÃO
COM ELA ESCREVO ....
.... DO MEU CORAÇÃO.

- COMO FICOU SUA QUADRINHA? LEIA O TEXTO PARA MEMORIZÁ-LO. DEPOIS, RECITE SUA QUADRINHA PARA OS COLEGAS.

3 **VOCÊ GOSTOU DE OUVIR E DE RECITAR ESSA QUADRINHA? POR QUÊ?**

4 **OUÇA A INFORMAÇÃO QUE O PROFESSOR VAI LER.**

AS **QUADRINHAS**, EM GERAL, SÃO CONHECIDAS POR MUITAS PESSOAS E TRANSMITIDAS DAS MAIS VELHAS PARA AS MAIS JOVENS.

- CONVERSE COM OS COLEGAS: A MAIORIA DE VOCÊS CONHECE AS MESMAS QUADRINHAS? COM QUEM VOCÊS APRENDERAM?

5 EM QUE SITUAÇÃO ESSA QUADRINHA É RECITADA?

Ilustrações: Clarissa França/Arquivo da editora

- VOCÊ CONHECE OUTRAS BRINCADEIRAS COM QUADRINHAS? QUAIS?

6 QUANTOS VERSOS TÊM ESSA E AS OUTRAS QUADRINHAS QUE VOCÊ LEU?

☐ 2 ☐ 4 ☐ 6 ☐ 8

7 SUBLINHE NA QUADRINHA OS VERSOS QUE TERMINAM COM PALAVRAS QUE TÊM SONS FINAIS PARECIDOS.

8 QUE PALAVRA DA QUADRINHA TEM OS MESMOS SONS FINAIS DE **CORAÇÃO**? PINTE-A NO TEXTO.

- LEIA ESTES NOMES E CIRCULE OS QUE TERMINAM COM ESSES MESMOS SONS.

JOÃO JOANA ADÃO PAULA JÚLIA

9 FALE O NOME DESTES ANIMAIS EM VOZ ALTA.

☐ 

☐ 

Ilustrações: Patrícia Paulozi/Arquivo da editora

- EM QUAL GRUPO TODOS OS NOMES TÊM SONS FINAIS IGUAIS AOS DA PALAVRA **CORAÇÃO**? ASSINALE.

DESCOBERTAS SOBRE A ESCRITA

1 **LEIA E COMPLETE A QUADRINHA USANDO SEU NOME.**

EU GOSTO DA LETRA ....
POR ELA TENHO PAIXÃO
COM ELA ESCREVO ....
.... DO MEU CORAÇÃO.

2 **PINTE SOMENTE AS LETRAS DO SEU NOME.**

A B C D E F G

H I J K L M N

O P Q R S T U

V W X Y Z

Adolar/Arquivo da editora

3 **COM A AJUDA DO PROFESSOR, RESPONDA.**

A) QUANTAS LETRAS TEM SEU NOME? ....

B) QUAL É A PRIMEIRA LETRA DO SEU NOME? ....

C) QUAL É A ÚLTIMA LETRA DO SEU NOME? ....

D) NO SEU NOME HÁ LETRAS REPETIDAS? QUAIS? ....

4 O PROFESSOR VAI ESCREVER O NOME DELE NA LOUSA. COPIE-O NO QUADRO A SEGUIR.

- QUANTAS LETRAS HÁ NO NOME DO PROFESSOR?

5 USE AS LETRAS MÓVEIS DAS FICHAS 1 A 3 DO **MATERIAL COMPLEMENTAR** E MONTE SEU NOME E O NOME DO PROFESSOR.

- COMPARE OS DOIS NOMES E ASSINALE A OPÇÃO ADEQUADA.

☐ MEU NOME TEM MAIS LETRAS.

☐ O NOME DO PROFESSOR TEM MAIS LETRAS.

☐ OS DOIS NOMES TÊM A MESMA QUANTIDADE DE LETRAS.

6 RECORTE DE JORNAIS OU REVISTAS AS LETRAS QUE APARECEM NO SEU NOME E COLE-AS ABAIXO, NA ORDEM CORRETA.

DIVERSÃO EM PALAVRAS

- VAMOS PINTAR ALGUMAS LETRAS? SIGA AS ORIENTAÇÕES.

A) OUÇA A LEITURA QUE O PROFESSOR VAI FAZER DO ALFABETO.

A B C D E F G H I J K L M

N O P Q R S T U V W X Y Z

B) PINTE COM A COR:

AS LETRAS QUE VOCÊ USA PARA ESCREVER SEU NOME.

A LETRA QUE VEM DEPOIS DO **A**.

A LETRA QUE VEM ANTES DO **D**.

A ÚLTIMA LETRA DO ALFABETO.

VAMOS FALAR SOBRE...

A IMPORTÂNCIA DO NOME

O NOME IDENTIFICA AS PESSOAS. QUANDO NASCE, TODO BRASILEIRO DEVE RECEBER UMA CERTIDÃO DE NASCIMENTO. NELA, FICAM REGISTRADOS SEU NOME, O NOME DE SEUS PAIS, A DATA E O LOCAL ONDE NASCEU.

ESSE DOCUMENTO É UM DIREITO DE TODOS. COM ELE É POSSÍVEL GARANTIR OUTROS DIREITOS, COMO RECEBER CERTIFICADOS ESCOLARES E TIRAR OUTROS DOCUMENTOS.

- REFLITA SOBRE ESTAS QUESTÕES E CONVERSE COM OS COLEGAS.

A) COMO SERIA SE AS PESSOAS NÃO TIVESSEM UM NOME?

B) VOCÊ TEM CERTIDÃO DE NASCIMENTO? PROCURE ESSE DOCUMENTO E COMPARTILHE COM OS COLEGAS AS INFORMAÇÕES QUE ELE TRAZ.

C) QUAL É A HISTÓRIA DO SEU NOME? COMO ELE FOI ESCOLHIDO? CONVERSE COM SEUS FAMILIARES E DEPOIS CONTE AOS COLEGAS.

DESCOBERTAS SOBRE A ESCRITA

1 **OBSERVE AS IMAGENS E CONVERSE COM OS COLEGAS.**

- O QUE VOCÊ OBSERVA NAS IMAGENS? QUE INFORMAÇÃO É POSSÍVEL LER EM CADA UMA DELAS?

Delfim Martins/Pulsar Imagens

Reprodução/Arquivo da editora

G. Evangelista/Opção Brasil Im

A) EM QUAL IMAGEM APARECEM LETRAS? ASSINALE-A.

B) QUAL É A PRIMEIRA LETRA DAS PALAVRAS QUE APARECEM NESSA IMAGEM?

☐ C ☐ O ☐ A ☐ R

2 **PINTE O GRUPO EM QUE APARECEM SOMENTE LETRAS DA PALAVRA CUIDADO.**

C S A	C D O	G C A

3 **OUÇA A LEITURA QUE O PROFESSOR VAI FAZER. DEPOIS, LIGUE AS PALAVRAS IGUAIS.**

CRIANÇAS	CUIDADO
CUIDADO	CRIANÇAS

DESCOBERTAS SOBRE A ESCRITA

1 **EXISTEM MUITAS QUADRINHAS SOBRE ANIMAIS. LEIA ESTA COM A AJUDA DO PROFESSOR.**

MINHA GALINHA PINTADA,
AI, MEU GALO CARIJÓ!
MORREU A MINHA GALINHA
FICOU MEU GALO TÃO SÓ!

DA TRADIÇÃO POPULAR.

Clarissa França/Arquivo da editora

A) ESCREVA O NOME DESTES ANIMAIS.

AlexeiLogvinovich/Shutterstock

Purestock/Latinstock

Ekaterina Garyuk/Shutterstock

■ AGORA, CIRCULE O NOME QUE NÃO APARECE NA QUADRINHA.

B) ESCREVA A PALAVRA DA QUADRINHA QUE TERMINA COM O MESMO SOM DE **SÓ**.

2 **MONTE O NOME DE CADA ANIMAL USANDO AS LETRAS MÓVEIS. DEPOIS, ESCREVA-OS ABAIXO DE CADA IMAGEM.**

DICA: OS NOMES TERMINAM COM A MESMA LETRA DE **GALO**.

Dirk Ercken/Shutterstock

Jeremy Reddington/Shutterstock

Abramova Kseniya/Shutterstock

3 **CONHEÇA MAIS UMA QUADRINHA COM ANIMAIS. ACOMPANHE A LEITURA DO PROFESSOR.**

VOCÊ DIZ QUE SABE MUITO,
BORBOLETA SABE MAIS,
ANDA DE PERNA PRA CIMA,
COISA QUE VOCÊ NÃO FAZ.

DA TRADIÇÃO POPULAR.

Clarissa França/ Arquivo da editora

A) O ANIMAL DESSA QUADRINHA E OS DA QUADRINHA ANTERIOR SÃO OS MESMOS?

☐ SIM ☐ NÃO

B) CIRCULE O NOME DO ANIMAL QUE APARECE NESSA QUADRINHA.

BALEIA BARATA BOI
BÚFALO BOTO BORBOLETA BESOURO
BODE BEZERRO BAGRE

C) COPIE DA QUADRINHA O NOME DE UMA PARTE DO CORPO QUE COMEÇA COM A LETRA **P**.

☐☐☐☐☐

- QUANTAS LETRAS TEM ESSA PALAVRA? ☐

D) DE ACORDO COM A QUADRINHA, A BORBOLETA ANDA "DE PERNA PRA CIMA". POR QUE ISSO É POSSÍVEL?

E) VOCÊ GOSTOU DESSA QUADRINHA? EXPLIQUE POR QUÊ.

ENTRE LINHAS E IDEIAS

AGORA, VOCÊ E UM COLEGA VÃO ESCREVER UMA QUADRINHA QUE JÁ CONHECEM PARA APRESENTAR AOS COLEGAS.

1. PLANEJAMENTO

A) REÚNA-SE COM UM COLEGA E OBSERVEM OS DESENHOS DESTE TEXTO.

ESCREVI TEU BELO NOME
NA PALMA DA MINHA 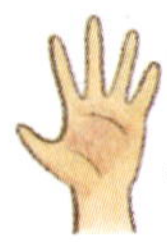.
PASSOU UM  E DISSE:
ESCREVE NO TEU .

Ilustrações: Clarissa França/Arquivo da editora

B) ACOMPANHEM A LEITURA DA QUADRINHA, SUBSTITUINDO OS DESENHOS POR PALAVRAS.

C) VOCÊS SE LEMBRARAM DA QUADRINHA? CONTEM AO PROFESSOR.

2. PRIMEIRA VERSÃO

- MONTEM O NOME DE CADA DESENHO USANDO AS LETRAS MÓVEIS. SE NECESSÁRIO, PEÇAM AJUDA AO PROFESSOR.

3. REVISÃO

A) O PROFESSOR VAI ESCREVER O NOME DE CADA DESENHO NA LOUSA.

B) VERIFIQUEM A ESCRITA DE VOCÊS. SE NECESSÁRIO, FAÇAM AJUSTES.

4. VERSÃO FINAL

A) NAS LINHAS DA PÁGINA A SEGUIR, ESCREVAM A QUADRINHA COMPLETA.

- LEMBREM-SE:
  - SE TIVEREM DÚVIDAS, CONSULTEM O TEXTO ACIMA OU AS PALAVRAS QUE VOCÊS MONTARAM COM AS LETRAS MÓVEIS.
  - CAPRICHEM NA ESCRITA DE CADA LETRA.

B) AGORA QUE VOCÊS JÁ CONHECEM BEM A QUADRINHA, É HORA DE RECITÁ-LA JUNTOS.

C) CONVERSE COM OS COLEGAS E O PROFESSOR: EM QUE OUTRAS SITUAÇÕES VOCÊ RECITARIA A QUADRINHA QUE ACABOU DE ESCREVER?

DESCOBERTAS SOBRE A ESCRITA

1 LEIA ESTES NOMES.

DORA	RENATO	ELISA	LIA
LUCAS	TAÍS	CAIO	RITA

A) COPIE OS NOMES QUE TERMINAM COM:

A

OUTRAS LETRAS

Ilustrações: Banco de imagens/Arquivo da editora

B) CONFIRA SEU TRABALHO COM O DOS COLEGAS.

2 PARA CADA NOME ABAIXO, ANOTE:

A) NO PRIMEIRO QUADRINHO, A QUANTIDADE DE LETRAS QUE FORMA A PALAVRA.

B) NO SEGUNDO QUADRINHO, A LETRA QUE INICIA A PALAVRA.

DORA ☐ ☐	CAIO ☐ ☐	LIA ☐ ☐
ELISA ☐ ☐	TAÍS ☐ ☐	RENATO ☐ ☐

3 AGORA, ESCREVA OUTROS NOMES QUE COMEÇAM COM AS MESMAS LETRAS QUE OS NOMES DA ATIVIDADE ANTERIOR.

Ilustrações: Hélio Senatore/Arquivo da editora

4 ENCONTRE O NOME **IVO** NAS PALAVRAS ABAIXO E CIRCULE-O.

VIVO MOTIVO RUIVO

SALIVOU ROTATIVO NOIVO GAIVOTA

UIVO RAIVOSO CURATIVO

DIVERSÃO EM PALAVRAS

1 **VOCÊ JÁ JOGOU BINGO DE LETRAS? SIGA AS ORIENTAÇÕES E DIVIRTA-SE COM OS COLEGAS!**

A) ESCOLHA 24 LETRAS MÓVEIS DIFERENTES E COPIE CADA UMA DELAS EM UM QUADRINHO DA CARTELA ABAIXO.

B	I	N	G	O
		X		

Banco de imagens/Arquivo da editora

B) O PROFESSOR VAI SORTEAR UMA LETRA POR VEZ E FALAR O NOME DELA EM VOZ ALTA.

C) SE VOCÊ LOCALIZAR NA SUA CARTELA A LETRA QUE O PROFESSOR FALOU, PINTE O QUADRINHO CORRESPONDENTE.

D) QUEM PINTAR UMA LINHA OU UMA COLUNA PRIMEIRO DEVE GRITAR **BINGO!**. ESSE SERÁ O VENCEDOR DO JOGO.

2 CIRCULE NO DIAGRAMA QUATRO NOMES DE ANIMAIS QUE COMEÇAM COM **G**.

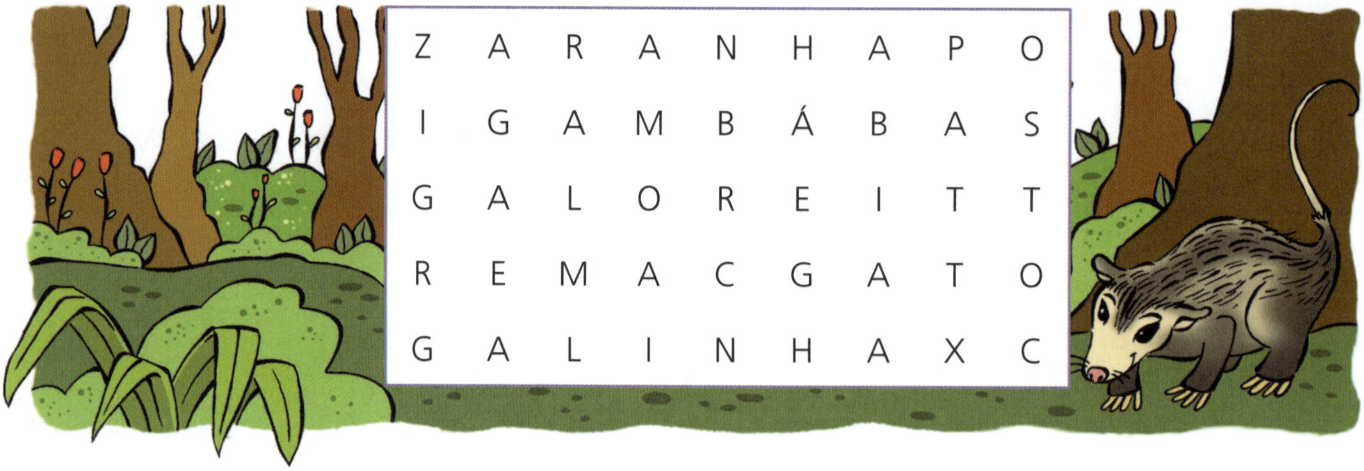

Z	A	R	A	N	H	A	P	O
I	G	A	M	B	Á	B	A	S
G	A	L	O	R	E	I	T	T
R	E	M	A	C	G	A	T	O
G	A	L	I	N	H	A	X	C

Patricia Paulozi/Arquivo da editora

3 QUE ANIMAL É ESTE?

A) LIGUE OS PONTOS SEGUINDO A ORDEM DO ALFABETO E DESCUBRA QUAL É O ANIMAL.

Paulo Borges/Arquivo da editora

B) O ANIMAL É UM:

☐ GATO.

☐ HIPOPÓTAMO.

DESCOBERTAS SOBRE A ESCRITA

1 LEIA AS PLACAS.

Ilustrações: Banco de imagens/Arquivo da editora

- AGORA, CIRCULE A PALAVRA **CÃO** NAS DUAS PLACAS.

2 REÚNA-SE COM UM COLEGA E OBSERVEM ESTAS PLACAS.

Fotos: Sergio Dotta/Dotta2

A) QUE PALAVRA ESTÁ ESCRITA NAS PLACAS?

....

B) QUANTAS LETRAS TEM ESSA PALAVRA? ☐

C) CONVERSE COM OS COLEGAS: O QUE HÁ DE IGUAL E DE DIFERENTE ENTRE AS PALAVRAS DESSAS PLACAS?

D) VOCÊ JÁ VIU PLACAS ASSIM? EM CASO AFIRMATIVO, DIGA ONDE E PARA QUE ELAS SERVEM.

DIVERSÃO EM PALAVRAS

- ONDE ESTÃO AS LETRAS? CIRCULE TODAS QUE VOCÊ ENCONTRAR!

Banco de imagens/Arquivo da editora

DESCOBERTAS SOBRE A ESCRITA

1 ACOMPANHE A LEITURA QUE O PROFESSOR VAI FAZER DE MAIS UMA QUADRINHA.

COMO DUAS ANDORINHAS
NUMA TARDE DE VERÃO,
SEREMOS SEMPRE AMIGOS,
AMIGOS DO CORAÇÃO.

DA TRADIÇÃO POPULAR.

Clarissa França/Arquivo da editora

A) QUAL É O TEMA OU O ASSUNTO DESSA QUADRINHA?

☐ A AMIZADE. ☐ O VERÃO.

B) EM QUE SITUAÇÃO VOCÊ RECITARIA ESSA QUADRINHA?

2 ESCREVA UMA PALAVRA DA QUADRINHA PARA REPRESENTAR CADA UM DOS DESENHOS.

Ilustrações: Clarissa França/Arquivo da editora

....

3 COMPLETE O DIAGRAMA PARA ESCREVER **AMIGOS** EM TODAS AS LINHAS.

	M		G		S
A		I		O	
	M	I	G	O	S
A			G	O	S
A	M	I			

Ilustrações: Clarissa França/Arquivo da editora

DIVERSÃO EM PALAVRAS

- O GALO CARIJÓ ESTÁ PERDIDO! DESCUBRA O MELHOR CAMINHO PARA LEVÁ-LO ATÉ A GALINHA.

DICA: SIGA A ORDEM DO ALFABETO.

Patricia Paulozi/Arquivo da editora

- ENCONTRE A PRIMEIRA LETRA DO SEU NOME NO CAMINHO QUE VOCÊ ESCOLHEU. CIRCULE-A.

AUTOAVALIAÇÃO

COMO FOI SEU APRENDIZADO NESTA UNIDADE? REFLITA SOBRE ESTAS PERGUNTAS. DEPOIS, MARQUE UM **X** NA OPÇÃO QUE MELHOR REPRESENTA SEU DESEMPENHO.			
1. EU CONHEÇO ALGUMAS QUADRINHAS?			
2. EU CONSIGO RECITAR UMA QUADRINHA DE MEMÓRIA?			
3. EU SEI QUAIS SÃO AS LETRAS DO ALFABETO?			
4. EU CONSIGO LER E ESCREVER MEU NOME?			
5. EU DIFERENCIO AS LETRAS DE OUTROS SÍMBOLOS?			

SUGESTÕES

PARA LER

- *JARDIM ZOILÓGICO*, DE CARLOS PIMENTEL. SÃO PAULO: FORMATO, 2005.

NESTE LIVRO HÁ POEMAS SOBRE OS ANIMAIS DE UM ZOOLÓGICO DIFERENTE, ONDE TODOS OS BICHOS VIVEM LIVRES. TEM ATÉ DINOSSAURO! CADA POEMA TERMINA COM UMA QUADRINHA.

Editora Formato/Editora Saraiva/Arquivo da editora

Reprodução/Ed. Formato

- *SERÁ QUE PODE?*, DE SANDRA AYMONE. SÃO PAULO: FORMATO, 2007.

O QUE ACONTECE QUANDO SE JUNTA CARTEIRO COM CARTEIRA?
DESCUBRA ESSE E OUTROS PARES ESQUISITOS BRINCANDO COM AS QUADRINHAS DESTE LIVRO.

TRABALHO EM EQUIPE

CONHECENDO OS NOVOS AMIGOS

CADA PESSOA TEM UM JEITO DE SER. PARA QUE VOCÊ E SEUS COLEGAS SE CONHEÇAM MELHOR E POSSAM APROFUNDAR A AMIZADE, VOCÊS VÃO FAZER UM TRABALHO EM EQUIPE.

ETAPAS

1 PENSANDO SOBRE O TEMA

- REFLITA SOBRE ESTAS QUESTÕES.

A) VOCÊ ACHA QUE SEUS COLEGAS SÃO PARECIDOS COM VOCÊ? VOCÊS GOSTAM DAS MESMAS COISAS?

B) O QUE VOCÊ GOSTARIA DE SABER SOBRE SEUS COLEGAS?

C) O QUE VOCÊ GOSTARIA QUE ELES SOUBESSEM SOBRE VOCÊ?

2 DESENVOLVENDO O TRABALHO

A) DESTAQUE E PREENCHA A FICHA 4 DO **MATERIAL COMPLEMENTAR**. PEÇA AJUDA AO PROFESSOR SE NECESSÁRIO.

B) ESCOLHA OUTRAS INFORMAÇÕES SOBRE SUA VIDA PARA CONTAR AOS COLEGAS. FAÇA ANOTAÇÕES USANDO PALAVRAS OU DESENHOS.

C) PENSE EM PERGUNTAS QUE VOCÊ GOSTARIA DE FAZER AOS COLEGAS. ANOTE-AS.

D) REÚNA-SE COM TODA A TURMA E FALE SOBRE VOCÊ. USE A FICHA E SUAS ANOTAÇÕES COMO APOIO.

E) OUÇA COM ATENÇÃO O QUE OS COLEGAS DISSEREM. QUANDO ELES FINALIZAREM, FAÇA AS PERGUNTAS QUE VOCÊ PREPAROU.

F) AJUDE A MONTAR UM MURAL PARA EXPOR TODAS AS FICHAS DA TURMA.

G) OBSERVE AS FICHAS NO MURAL TENTANDO IDENTIFICAR QUEM ESCREVEU CADA FICHA E O QUE VOCÊ DESCOBRIU SOBRE AQUELE COLEGA.

H) COMBINE COM O PROFESSOR A VISITA DE OUTRAS PESSOAS PARA VER O MURAL. ELAS PODERÃO CONHECER MAIS SOBRE VOCÊ E SEUS COLEGAS.

Fotos: Fernando Favoretto/Criar Imagem

3 CONCLUINDO

■ COM OS COLEGAS E O PROFESSOR, CONVERSE SOBRE ESTAS QUESTÕES.

A) VOCÊ DESCOBRIU MUITAS COISAS SOBRE OS COLEGAS? O QUE VOCÊ MAIS GOSTOU DE SABER SOBRE ELES?

B) COMO SUAS DESCOBERTAS PODEM CONTRIBUIR PARA A AMIZADE DE VOCÊS?

UNIDADE

2 HISTÓRIAS SEM PALAVRAS

NESTA UNIDADE, VOCÊ VAI:

- CONHECER NARRATIVAS POR IMAGENS.
- COMPLETAR UMA NARRATIVA POR IMAGENS.
- ADIVINHAR OU DESENHAR CENAS DE UMA NARRATIVA POR IMAGENS.
- IDENTIFICAR LETRAS DO ALFABETO.
- IDENTIFICAR SONS FINAIS PARECIDOS NAS PALAVRAS.

OBSERVE A IMAGEM AO LADO E CONVERSE COM OS COLEGAS E O PROFESSOR SOBRE AS QUESTÕES A SEGUIR.

1. QUANTAS CENAS VOCÊ VÊ NA IMAGEM?
2. QUEM SÃO AS PERSONAGENS DAS CENAS?
3. O QUE ELAS ESTÃO FAZENDO?
4. OBSERVANDO TODAS AS CENAS JUNTAS, VOCÊ PERCEBE ALGO ACONTECENDO? POR QUÊ?
5. OBSERVANDO UMA CENA APÓS A OUTRA, É POSSÍVEL PERCEBER QUE HÁ UM "MOVIMENTO" NELAS. QUE ELEMENTOS PODEM INDICAR ISSO?

Ilustração e fotos: Bruna Assis Brasil/Arquivo da editora

NARRATIVA POR IMAGENS

VOCÊ ACHA QUE É POSSÍVEL CONTAR UMA HISTÓRIA APENAS COM IMAGENS? VOCÊ JÁ LEU UMA HISTÓRIA SEM PALAVRAS?

- OBSERVE ESTA SEQUÊNCIA DE IMAGENS.

Fotos: Reprodução/O Menino e o Mundo

Fotos: Reprodução/O Menino e o Mundo

AGORA, REÚNA-SE COM UM COLEGA E CONVERSEM SOBRE ESTAS QUESTÕES.

1. VOCÊ CONSEGUIU ENTENDER A HISTÓRIA? O QUE ELA CONTA?
2. ESSE TEXTO TEM PALAVRAS? COMO ELE FOI CONSTRUÍDO?
3. VOCÊ CONSEGUE IDENTIFICAR SE É DIA OU NOITE NA HISTÓRIA? COMO?
4. VOCÊ ACHA QUE ESSA CENA SE PASSA NO CAMPO OU NA CIDADE? POR QUÊ?

CONHECENDO O TEXTO

LEIA MAIS UMA NARRATIVA POR IMAGENS.

EVA FURNARI, 1993.
DISPONÍVEL EM:
<https://claudiafurnari7.wordpress.com/portfolio/biblioteca-eva-furnari/>.
ACESSO EM: 14 MAR. 2018.

1. AGORA, O PROFESSOR VAI CONTAR A NARRATIVA POR IMAGENS QUE VOCÊ LEU. DEPOIS, UM COLEGA VAI RECONTAR A MESMA HISTÓRIA. ESCUTE COM ATENÇÃO.

2. NA HISTÓRIA, A BRUXINHA TRANSFORMOU O RÁDIO EM UM ROBÔ QUE PARECE UM ANIMAL. QUE ANIMAL É ESSE?

☐ 
Joop Zandbergen/Shutterstock

☐ 
Buero Monaco/Getty Images

☐ 
David Wells/Getty Images

- LEIA AS PALAVRAS ABAIXO. QUAIS DELAS COMEÇAM COM A MESMA LETRA DO NOME DESSE ANIMAL?

☐ CAMELO ☐ CORRIDA
☐ MESINHA ☐ PETECA
☐ CORPO ☐ COBRA
☐ GATO ☐ CAPA

3. LEIA AS PALAVRAS ABAIXO. DEPOIS, ACRESCENTE A LETRA **C** AO COMEÇO DELAS E ESCREVA OUTRAS PALAVRAS.

ACHO ....

ELA ....

URSO ....

OBRA ....

4 QUE TAL ESCREVER O NOME DE OUTROS ANIMAIS QUE TÊM A LETRA **C**? COPIE CADA LETRA EM UM QUADRINHO.

CAVALO

Ilustrações: Adolar/ Arquivo da editora

ORCA

COELHO

PORCO

CAMELO

- CIRCULE OS DESENHOS DOS ANIMAIS QUE NÃO TÊM O NOME INICIADO POR **C**, MAS TÊM ESSA LETRA NO NOME.

VAMOS FALAR SOBRE...

CURIOSIDADES SOBRE ANIMAIS

VOCÊ JÁ PERCEBEU QUE MUITAS HISTÓRIAS INFANTIS TÊM A PARTICIPAÇÃO DE ANIMAIS?

- PENSE EM COMO VOCÊ RESPONDERIA A ESTAS PERGUNTAS.
  - OS ANIMAIS PODEM SONHAR?
  - OS PEIXES DORMEM?
  - POR QUE OS GATOS SEMPRE CAEM EM PÉ?

CONVERSE COM OS COLEGAS SOBRE ONDE E COM QUEM VOCÊ PODERIA PESQUISAR AS RESPOSTAS PARA ESSAS PERGUNTAS.

CONVERSE COM O PROFESSOR SOBRE FONTES CONFIÁVEIS PARA REALIZAR A PESQUISA, COMO LIVROS E ALGUNS *SITES*.

PEÇA AJUDA A UM ADULTO E PESQUISE AS RESPOSTAS PARA ESSAS QUESTÕES. COMPARTILHE-AS COM OS COLEGAS.

DESCOBERTAS SOBRE A ESCRITA

1 **CONVIDE UM COLEGA E, JUNTOS, IMAGINEM UMA HISTÓRIA QUE COMPLETE A IMAGEM ABAIXO.**

Banco de imagens/ Arquivo da editora

A) O QUE VOCÊS IMAGINAM QUE PODE TER ACONTECIDO ANTES DA QUEBRA DO OVO?

B) E DEPOIS, O QUE PODE TER OCORRIDO?

2 **LEIA A FRASE A SEGUIR.**

O **OVO** CAIU NO **CHÃO**.

- AGORA, ESCREVA NOS QUADRINHOS ABAIXO AS DUAS PALAVRAS EM DESTAQUE NA FRASE.

3 **COMPLETE COM AS LETRAS QUE ESTÃO FALTANDO.**

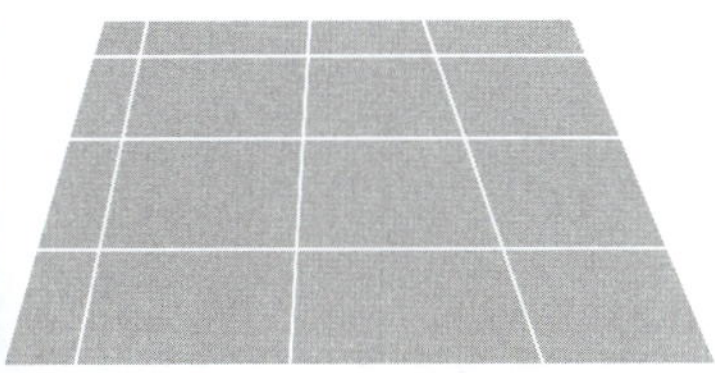

C.........ÃO
.........HÃO
.........HÃ.........

.........VO
O.........
.........V.........

Ilustrações: Banco de imagens/ Arquivo da editora

4 **ONDE O OVO PODERIA ESTAR QUANDO CAIU?**

- LIGUE A FIGURA À PALAVRA CORRESPONDENTE.

kibri_ho/Shutterstock

PIANO

MESA

TAPETE

5 LEIA MAIS UMA NARRATIVA POR IMAGENS.

BILL WATTERSON. *CALVIN E HAROLDO*. DISPONÍVEL EM: <https://deposito-de-tirinhas.tumblr.com/page/21>. ACESSO EM: 14 MAR. 2018.

A) QUE HISTÓRIA É CONTADA NESSA TIRINHA? CONVERSE COM OS COLEGAS E O PROFESSOR.

B) NAS FRASES ABAIXO, COMPLETE AS PALAVRAS QUE INDICAM O QUE ACONTECE COM CALVIN NESSA TIRINHA.

CALVIN C......RRE COM SUA PIPA.

ELE FIC...... BRAVO POR ELA NÃO VOAR.

J......G...... A PIPA FORA.

P......G...... UM BALÃO QUE NÃO PRECISA DE VENTO PARA VOAR.

6 PINTE O NOME DOS OBJETOS QUE APARECEM NA NARRATIVA QUE VOCÊ LEU ACIMA.

PIPA

Alex Cao/Getty Images

PIJAMA

Khvost/Shutterstock

PINCEL

Seregam/Shutterstock

BALA

aimy27feb/Shutterstock

BOLA

topseller/Shutterstock

BALÃO

Susii/Shutterstock

ENTRE LINHAS E IDEIAS

VOCÊ VAI COMPLETAR UMA NARRATIVA POR IMAGENS.

AO FINAL, O PROFESSOR VAI RECOLHER TODAS AS NARRATIVAS FEITAS E MONTAR UMA EXPOSIÇÃO NA SALA DE AULA.

1. PLANEJAMENTO

A) LEIA AS NARRATIVAS POR IMAGENS QUE ESTÃO NAS FICHAS 5 E 6 DO **MATERIAL COMPLEMENTAR**.

B) JUNTE-SE A DOIS COLEGAS PARA CONVERSAR SOBRE OS TEXTOS E TROCAR OPINIÕES.

- DE QUAL DOS TEXTOS VOCÊS GOSTARAM MAIS? POR QUÊ?

C) ESCOLHAM UM DOS TEXTOS PARA SER USADO NA ATIVIDADE.

D) ANTES DE CONTINUAR A ATIVIDADE, VERIFIQUEM SE HÁ ALGUMA PARTE DA HISTÓRIA QUE VOCÊS NÃO ENTENDERAM.

E) CONVERSEM SOBRE EM QUE PARTE(S) DA HISTÓRIA ESCOLHIDA É POSSÍVEL ACRESCENTAR TRÊS QUADRINHOS E O QUE VOCÊS DESENHARIAM NELES. PEÇAM AJUDA AO PROFESSOR SE NECESSÁRIO.

Clarissa França/Arquivo da editora

2. PRIMEIRA VERSÃO

- EM UMA FOLHA À PARTE, FAÇA UM RASCUNHO DO QUE VOCÊ GOSTARIA DE ACRESCENTAR À HISTÓRIA. LEMBRE-SE DE DESENHAR TRÊS QUADRINHOS.
  - O TAMANHO DO QUADRINHO DEVE SER PARECIDO COM O DOS QUADRINHOS DA HISTÓRIA.

3. REVISÃO

- REVISE SEU DESENHO PARA VERIFICAR SE HÁ ALGO MAIS QUE QUEIRA FAZER NELE. PEÇA A OPINIÃO DOS COLEGAS E DO PROFESSOR.

4. VERSÃO FINAL

A) DOS QUADRINHOS QUE VOCÊ FEZ:

- EM OUTRA FOLHA À PARTE, PASSE A LIMPO SEUS QUADRINHOS COM CAPRICHO.
- TENTE USAR AS MESMAS CORES UTILIZADAS NA HISTÓRIA.

B) DA MONTAGEM DA HISTÓRIA:

- DESTAQUE OS QUADRINHOS DA HISTÓRIA ESCOLHIDA QUE ESTÃO NO **MATERIAL COMPLEMENTAR**. CUIDADO PARA NÃO PERDER A ORDEM DOS QUADRINHOS.
- ORGANIZE OS QUADRINHOS RECORTADOS. ENCAIXE OS QUE VOCÊ PRODUZIU NO LUGAR QUE PLANEJOU.
- EM FOLHAS À PARTE, COLE OS QUADRINHOS DA HISTÓRIA E OS QUADRINHOS QUE VOCÊ FEZ.
- O PROFESSOR VAI ORGANIZAR AS NARRATIVAS POR IMAGENS EM UM MURAL, PARA QUE TODOS POSSAM LER AS NOVAS HISTÓRIAS.

Clarissa França/Arquivo da editora

DESCOBERTAS SOBRE A ESCRITA

1 **LEIA ESTA IMAGEM COM A AJUDA DO PROFESSOR E DOS COLEGAS. IMAGINE QUE ELA É PARTE DE UMA HISTÓRIA.**

Biry Sarkis/Arquivo da editora

A) COMO AS QUATRO CRIANÇAS TERIAM SE ENCONTRADO PARA BRINCAR?

B) COMO SERÁ QUE ELAS SE CONHECERAM?

C) QUAL DELAS LEVOU A BOLA?

D) ONDE ELAS ESTÃO?

E) EM QUE HORA DO DIA ELAS ESTÃO BRINCANDO?

2 **PINTE NO ALFABETO AS LETRAS QUE FORMAM O NOME DO ANIMAL QUE ESTÁ DEITADO NO BANCO DA IMAGEM ACIMA.**

A	B	C	D	E	F	G	H	I	J	K	L	M
N	O	P	Q	R	S	T	U	V	W	X	Y	Z

- CIRCULE A LETRA QUE FICA ANTES E A LETRA QUE FICA DEPOIS DA LETRA INICIAL DESSA PALAVRA NO ALFABETO.

3 **OBSERVE A IMAGEM MAIS UMA VEZ. ASSINALE O NOME DE DOIS OBJETOS E DE OUTRO ANIMAL QUE APARECEM NELA.**

☐ BALÃO ☐ BARCO ☐ BORBOLETA

☐ BANCO ☐ BOLA ☐ BOTÃO

4 CONVERSE COM UM COLEGA E VEJAM SE NA SALA DE AULA HÁ ALGUM OBJETO QUE TENHA O NOME TERMINADO COM A LETRA **A**. ESCREVA O NOME DESSE OBJETO E FAÇA UM DESENHO DELE.

5 LEIA E COMPARE ESTAS PALAVRAS.

MÃO   MÃE

A) COPIE ESSAS PALAVRAS NOS QUADRINHOS.

B) NAS PALAVRAS QUE VOCÊ ESCREVEU, PINTE DA MESMA COR AS LETRAS IGUAIS.

C) NAS PALAVRAS QUE VOCÊ ESCREVEU, PINTE AS LETRAS DIFERENTES COM LÁPIS DE CORES DIFERENTES.

D) O QUE VOCÊ OBSERVOU?

6 CONSULTE O ALFABETO E ESCREVA AS LETRAS QUE VÊM ANTES E DEPOIS DE **M, E, O**.

	M			E			O	

CONHECENDO OUTROS TEXTOS

AGORA QUE VOCÊ JÁ SABE QUE É POSSÍVEL NARRAR UMA HISTÓRIA USANDO APENAS IMAGENS, OBSERVE ESTA SEQUÊNCIA.

BILL WATTERSON. *CALVIN E HAROLDO*. DISPONÍVEL EM: <https://deposito-de-tirinhas.tumblr.com/page/12>. ACESSO EM: 30 ABR. 2018.

1 CONVERSE COM UM COLEGA E CONTE PARA ELE A HISTÓRIA DESSES QUADRINHOS. DEPOIS, COM A AJUDA DO PROFESSOR, ESCREVA O QUE ACONTECE EM CADA UM DELES.

PRIMEIRO QUADRINHO: ....

....

....

SEGUNDO QUADRINHO: ....

....

....

TERCEIRO QUADRINHO: ....

....

....

QUARTO QUADRINHO: ....

....

....

2 AGORA, RESPONDA ÀS PERGUNTAS.

A) CALVIN É O NOME DA PERSONAGEM DESSA HISTÓRIA. VOCÊ JÁ O CONHECIA? SE SIM, CONTE O QUE SABE SOBRE ELE PARA OS COLEGAS.

B) O QUE CALVIN ESTÁ FAZENDO NO PRIMEIRO QUADRINHO?

- QUE OBJETO ELE CARREGA NAS MÃOS?

C) QUE IDEIA CALVIN TEVE DEPOIS QUE COMEÇOU A CHOVER?

- VOCÊ ESPERAVA QUE ELE TIVESSE ESSA IDEIA? EXPLIQUE.

3 **COM A AJUDA DO PROFESSOR, ESCREVA AS LETRAS QUE FORMAM AS PALAVRAS QUE REPRESENTAM O QUE CAI DO CÉU NO SEGUNDO QUADRINHO DA HISTÓRIA.**

P						D	E						

4 LEIA ESTA PALAVRA EM VOZ ALTA.

Ilustrações: Adolar/Arquivo da editora

CHUVA

A) ASSINALE A PALAVRA QUE TEM O SOM FINAL PARECIDO COM O DA PALAVRA QUE VOCÊ LEU.

☐ UVA ☐ LAGO ☐ CASA

B) AGORA, LEIA EM VOZ ALTA ESTA OUTRA PALAVRA.

PINGO

C) ASSINALE A PALAVRA QUE TEM O SOM FINAL PARECIDO COM O DA PALAVRA **PINGO**.

☐ BALA ☐ BOLA ☐ BINGO

5 OBSERVE OS QUADRINHOS ABAIXO COM UM COLEGA.

CHARLES SCHULZ. *SNOOPY*, 1963.

A) AGORA, CONTEM A HISTÓRIA UM PARA O OUTRO.

B) VOCÊS GOSTARAM DA HISTÓRIA? POR QUÊ?

6 TROQUE IDEIAS COM OS COLEGAS E RESPONDAM A ESTAS QUESTÕES.

A) EM QUAIS DESTAS PUBLICAÇÕES PODEMOS ENCONTRAR NARRATIVAS POR IMAGENS?

☐ JORNAL

☐ REVISTA

Ilustrações: Banco de imagens/Arquivo da editora

☐ CALENDÁRIO

B) EM SUA OPINIÃO, PARA QUE SERVEM AS NARRATIVAS POR IMAGENS?

C) DE QUAL DAS DUAS ÚLTIMAS NARRATIVAS POR IMAGENS VOCÊS GOSTARAM MAIS? POR QUÊ?

DESCOBERTAS SOBRE A ESCRITA

1 **ENCONTRE E CIRCULE O NOME DO ANIMAL QUE ESTÁ AO LADO DO DIAGRAMA.**

T	O	E	R	X	Ã	Q	J	U	V	O	T
B	I	N	G	A	S	U	B	R	A	I	K
N	G	A	L	O	R	G	A	T	O	L	E
T	U	B	N	R	X	Ã	O	R	U	S	X

Banco de imagens/ Arquivo da editora

- QUE PALAVRAS ABAIXO TERMINAM COM SONS PARECIDOS COM OS DA PALAVRA QUE VOCÊ CIRCULOU NO DIAGRAMA? SUBLINHE-AS.

PATO	GIRAFA	MACACO
GALINHA	PAVÃO	RATO

2 **COM UM COLEGA, ORGANIZEM ESTAS PALAVRAS EM UM GRUPO DE ALIMENTOS E OUTRO DE ANIMAIS.**

LEÃO	MACARRÃO	MAMÃO
PÃO	PAVÃO	TUBARÃO

stockcreations/Shutterstock

ALIMENTOS	ANIMAIS

Eric Isselee/Shutterstock

DIVERSÃO EM PALAVRAS

1 LEIA AS PALAVRAS DO QUADRO ABAIXO.

BALEIA	BARATA	BOI	BOTO	BÚFALO

- AGORA, COMPLETE A CRUZADINHA COM O NOME DOS ANIMAIS DO QUADRO.

DICA: CONTE O NÚMERO DE LETRAS DAS PALAVRAS. CADA LETRA DEVE SER ESCRITA EM UM QUADRINHO.

Ilustrações: Adolar/ Arquivo da editora

2 PINTE AS PALAVRAS QUE CORRESPONDEM ÀS FIGURAS.

gstalker/Shutterstock

BOLO	BOLSA	BURRO
BESOURO	BOTO	BUZINA

photomaster/Shutterstock

3 VOCÊ CONHECE O JOGO DA MEMÓRIA? PARA BRINCAR, SIGA AS INSTRUÇÕES.

A) DESTAQUE AS CARTAS DAS FICHAS 7, 8 E 9 DO **MATERIAL COMPLEMENTAR**.

B) FORME DUPLA COM UM COLEGA.

C) PRESTEM ATENÇÃO AO QUE O PROFESSOR VAI DIZER. ELE VAI EXPLICAR COMO JOGAR.

D) O PROFESSOR PODERÁ, EM UM MOMENTO QUALQUER DO JOGO, PEDIR A VOCÊ OU A SEU COLEGA QUE DIGA A PRIMEIRA LETRA DO NOME DO ANIMAL QUE APARECER NA CARTA VIRADA.

Thinkstock/Getty Images; Johnson, Johnny/Animals Animals/Keystone

4 SIGA O CAMINHO DOS NOMES DE ANIMAIS QUE COMEÇAM COM A MESMA LETRA E LEVE AS MENINAS E SEUS ACOMPANHANTES AO PARQUE NATURAL.

Clarissa França/Arquivo da editora

DESCOBERTAS SOBRE A ESCRITA

- PINTE O NOME QUE CORRESPONDE AO ANIMAL DA FOTOGRAFIA.

Production4Ukraine/Shutterstock

CACHORRO	ELEFANTE
PATO	VACA

jivxphotography/Shutterstock

PACA	PAPAGAIO
PATO	PAVÃO

TTstudio/Shutterstock

GALHO	GALINHA
GALINHEIRO	GALO

Rusla Ruseyn/Shutterstock

CAVACO	CAVADO
CAVALEIRO	CAVALO

Volodymyr Burdiak/Shutterstock

GIRA	GIRAFA
GIRANDO	GIRASSOL

DIVERSÃO EM PALAVRAS

1 ENCONTRE E PINTE SEIS ANIMAIS NA IMAGEM ABAIXO.

Adolar/Arquivo da editora

■ COMPLETE O NOME DE CADA ANIMAL QUE VOCÊ ENCONTROU, SEPARANDO ESSES NOMES EM GRUPOS, DE ACORDO COM A QUANTIDADE DE LETRAS DE CADA PALAVRA.

4 LETRAS

__ __ Ç __

__ E __ __

6 LETRAS

M __ __ A __ __

__ I __ __ F __

8 LETRAS

__ L __ F __ __ __ __

P __ __ __ G __ __ __

Ilustrações: Biry Sarkis/Arquivo da editora

2 COMPLETE O NOME DOS ANIMAIS. ALGUNS DELES VOCÊ JÁ VIU NESTA UNIDADE.

DICA: A PRIMEIRA LETRA DE CADA NOME ESTÁ INDICADA EM DESTAQUE.

Biry Sarkis/Arquivo da editora

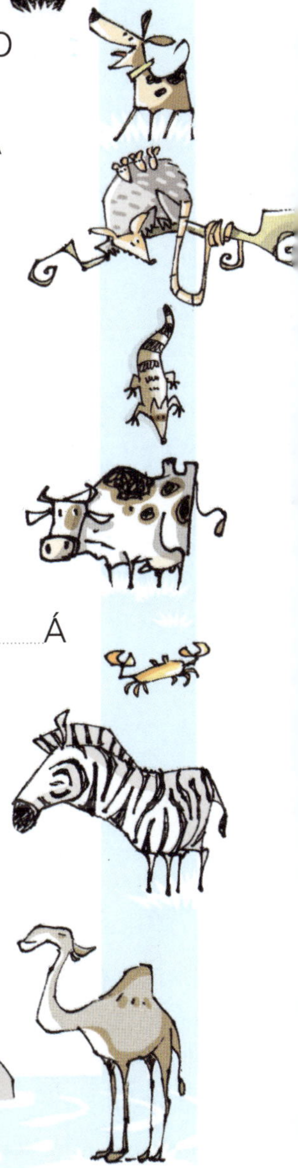

A	____VE____TRUZ	**M**	____A____ACO
B	B____L____IA	**O**	____V____LHA
C	C____CHORR____	**P**	P____N____A
D	____ROM____DÁRIO	**Q**	____U____TI
E	____M____	**R**	____A____O
F	____O____A	**S**	____IR____
G	G____M____Á	**T**	____AMAND____Á
H	____I____OPÓ____AMO	**U**	____R____BU
I	I____UA____A	**V**	V____C____
J	____A____ARÉ	**Z**	____EB____A
L	____ONTR____		

■ NA LISTA ACIMA, **NÃO** HÁ NOMES DE ANIMAIS COMEÇADOS COM QUE LETRAS? ____________________

3 COM A AJUDA DO PROFESSOR, VAMOS CITAR O ALFABETO INTEIRO EM VOZ ALTA?

PRATICANDO A FALA E A ESCUTA

O PROFESSOR VAI ORGANIZAR PARA A TURMA UMA BRINCADEIRA DE ADIVINHAÇÃO COM BASE EM DESENHOS. VEJA COMO PARTICIPAR!

1. **PLANEJAMENTO**

A) RELEIA AS NARRATIVAS POR IMAGENS DESTA UNIDADE.

B) ESCOLHA DUAS OU TRÊS CENAS DE QUE VOCÊ GOSTE PARA DESAFIAR O COLEGA A REPRESENTÁ-LA POR MEIO DE UM DESENHO.

2. **ENSAIO**

A) O PROFESSOR VAI FAZER UMA PRIMEIRA RODADA DE TREINO PARA TER CERTEZA DE QUE TODOS ENTENDERAM A BRINCADEIRA.

B) CRIE ALGUNS ESBOÇOS DE DESENHOS DAS CENAS QUE VOCÊ ESCOLHEU PARA O CASO DE VOCÊ TER DE DESENHAR PARA OS COLEGAS ADIVINHAREM A CENA.

3. **APRESENTAÇÃO**

A) ESTEJA PREPARADO PARA AS TRÊS POSSIBILIDADES DE BRINCADEIRA:

- DIZER PARA O COLEGA (BEM BAIXINHO) SUA CENA PREFERIDA PARA ELE DESENHAR.
- FAZER O DESENHO QUE O COLEGA DISSER.
- ADIVINHAR A CENA DESENHADA PELO COLEGA.

B) PRESTE ATENÇÃO PARA NÃO REPETIR ALGO QUE JÁ FOI DITO POR UM COLEGA.

4. **AVALIAÇÃO**

- CONVERSE SOBRE AS APRESENTAÇÕES COM OS COLEGAS E O PROFESSOR E RESPONDA A ESTAS QUESTÕES.

- COMO VOCÊ SE SENTIU DURANTE A BRINCADEIRA?
- VOCÊ ADIVINHOU ALGUMA CENA QUANDO ELA FOI DESENHADA PELO COLEGA?
- OS COLEGAS ADIVINHARAM A CENA OLHANDO O DESENHO QUE VOCÊ FEZ?
- AO ESCOLHER UMA CENA, VOCÊ A EXPLICOU DE MANEIRA CLARA PARA O COLEGA DESENHAR?

AUTOAVALIAÇÃO

COMO FOI SEU APRENDIZADO NESTA UNIDADE? REFLITA SOBRE ESTAS PERGUNTAS. DEPOIS, MARQUE UM **X** NA OPÇÃO QUE MELHOR REPRESENTA SEU DESEMPENHO.			
1. EU SEI LER NARRATIVAS POR IMAGENS?			
2. EU SEI COMPLETAR UMA NARRATIVA POR IMAGENS?			
3. EU SEI DESENHAR CENAS DE UMA NARRATIVA POR IMAGENS?			
4. EU IDENTIFICO AS LETRAS DO ALFABETO?			
5. EU IDENTIFICO SONS FINAIS PARECIDOS NAS PALAVRAS?			

SUGESTÕES

PARA LER

Editora Caramelo/Editora Saraiva/Arquivo da editora

- *BENEDITO,* DE JOSIAS MARINHO.
  SÃO PAULO: CARAMELO, 2014.
  ESTE LIVRO DE IMAGENS CONTA A HISTÓRIA DE BENEDITO, UM MENINO QUE ENCONTROU UM BELO TAMBOR E BRINCA DE DESCOBRIR SONS E RITMOS ANCESTRAIS NA BATIDA DO INSTRUMENTO.

Editora Ática/Arquivo da editora

- *CALMA, CAMALEÃO!*, DE LAURENT CARDON.
  SÃO PAULO: ÁTICA, 2010.
  NESTA HISTÓRIA SEM PALAVRAS, UM FILHOTE DE CAMALEÃO ACABA FICANDO COM AS CARACTERÍSTICAS DOS ANIMAIS EM QUE ESBARROU PELO CAMINHO. E AGORA?

APRENDER A CONVIVER

AO COMEÇAR UM ANO NA ESCOLA, CONHECEMOS NOVOS COLEGAS. PARA QUE TODOS POSSAM ESTUDAR JUNTOS E CONVIVER BEM, É PRECISO QUE UNS RESPEITEM OS OUTROS.

VEJA AS SITUAÇÕES A SEGUIR.

EVITE ATITUDES QUE POSSAM MACHUCAR OS COLEGAS.

SEJA COMPANHEIRO.

Ilustrações: Clarissa França /Arquivo da editora

1 **VOCÊ JÁ VIVEU UMA SITUAÇÃO COMO ESSAS, EM QUE VOCÊ AJUDOU ALGUÉM OU TEVE UMA ATITUDE EDUCADA? CONTE AOS COLEGAS COMO FOI.**

2 **ANOTE NOS QUADRINHOS QUANTAS VEZES VOCÊ DISSE HOJE:**

- ☐ COM LICENÇA.
- ☐ DESCULPE.
- ☐ POR FAVOR.
- ☐ OBRIGADO OU OBRIGADA.

AJUDE OS COLEGAS.

DIVIDA SEMPRE QUE POSSÍVEL.

3 QUE ATITUDE PODEMOS PERCEBER NA IMAGEM AO LADO?

A) COMO VOCÊ AGIRIA PARA QUE ISSO NÃO ACONTECESSE?

B) VOCÊ ACHA IMPORTANTE TRATAR AS PESSOAS COMO VOCÊ GOSTARIA DE SER TRATADO? POR QUÊ?

StockLite/Shutterstock

UNIDADE

3 TROPEÇA NA PRESSA

NESTA UNIDADE, VOCÊ VAI:

- CONHECER E RECITAR TRAVA-LÍNGUAS.
- COMPARAR LETRAS IGUAIS OU DIFERENTES EM PALAVRAS.
- CONTAR O NÚMERO DE LETRAS EM ALGUMAS PALAVRAS.
- COMPLETAR AS PALAVRAS QUE FALTAM EM UM TRAVA-LÍNGUA.
- DIFERENCIAR AS LETRAS **F** E **V** NAS PALAVRAS.
- APRESENTAR UM TRAVA-LÍNGUA PARA COLEGAS E FAMILIARES.

OBSERVE A IMAGEM AO LADO E CONVERSE SOBRE ESTAS QUESTÕES COM OS COLEGAS E O PROFESSOR.

1. EM QUE LUGAR ACONTECE ESTA CENA?
2. O QUE PODEMOS IMAGINAR QUE O HOMEM E O MENINO ESTAVAM FAZENDO?
3. O QUE O MENINO TINHA EM SUAS MÃOS?
4. O QUE A MULHER ESTÁ CARREGANDO?
5. PROCURE OUTROS ELEMENTOS QUE APARECEM NA IMAGEM. DEPOIS, REÚNA-SE COM UM COLEGA E COMPAREM O QUE ENCONTRARAM.
   - O NOME DE ALGUNS ELEMENTOS TEM SONS PARECIDOS. DITE ESSES NOMES PARA O PROFESSOR ESCREVER NA LOUSA.
6. O QUE ACONTECE SE VOCÊ FALAR RAPIDAMENTE AS PALAVRAS **BOTE**, **BODE**, **BOTA** E **POTE**?

Ilustração e fotos: Bruna Assis Brasil/Arquivo da editora

TRAVA-LÍNGUA

BRINCAR É SEMPRE DIVERTIDO. VOCÊ SABIA QUE TAMBÉM É POSSÍVEL BRINCAR COM AS PALAVRAS?

1 **OUÇA O TEXTO COM ATENÇÃO E ACOMPANHE A LEITURA DO PROFESSOR.**

O DOCE PERGUNTOU PRO DOCE
QUAL É O DOCE MAIS DOCE QUE O DOCE DE BATATA-DOCE.
O DOCE RESPONDEU PRO DOCE QUE O DOCE MAIS DOCE
QUE O DOCE DE BATATA-DOCE
É O DOCE DE DOCE DE BATATA-DOCE.

DA TRADIÇÃO POPULAR.

Clarissa França/Arquivo da editora

A) O QUE VOCÊ ACHOU DO TEXTO E DA LEITURA DO PROFESSOR?

B) QUE PALAVRA SE REPETE EM TODO O TEXTO?

2 **O PROFESSOR VAI RELER CADA UM DOS VERSOS DO TEXTO. TENTE REPETI-LOS O MAIS RÁPIDO POSSÍVEL.**

- O QUE ACONTECE QUANDO VOCÊ FALA OS VERSOS RAPIDAMENTE? CONVERSE COM OS COLEGAS.

3 **VOCÊ SABE O QUE É UM TRAVA-LÍNGUA? JÁ OUVIU ALGUM?**

Bruna Assis Brasil/Arquivo da editora

CONHECENDO O TEXTO

OUÇA E ACOMPANHE A LEITURA QUE O PROFESSOR VAI FAZER.

O SAPO DENTRO DO SACO,
O SACO COM O SAPO DENTRO.
O SAPO BATENDO PAPO,
O PAPO CHEIO DE VENTO.

DA TRADIÇÃO POPULAR.

Clarissa França/Arquivo da editora

1 APÓS A LEITURA DO PROFESSOR, REPITA RAPIDAMENTE CADA VERSO.

- VOCÊ DIRIA QUE ESSE TEXTO É UM TRAVA-LÍNGUA? POR QUÊ?

2 ONDE O SAPO ESTÁ?

....

....

3 OBSERVE A FIGURA.

Clarissa França/Arquivo da editora

- QUE FRASE DESCREVE O QUE O SAPO ESTÁ FAZENDO?

☐ O SAPO ESTÁ DORMINDO NO SACO.

☐ O SAPO ESTÁ COM O PAPO PRESO.

☐ O SAPO ESTÁ BATENDO PAPO.

4 ENCONTRE NO TEXTO AS PALAVRAS **SACO** E **SAPO**. DEPOIS, CIRCULE CADA UMA DELAS.

- AGORA, ESCREVA AS PALAVRAS NOS QUADRINHOS ABAIXO.

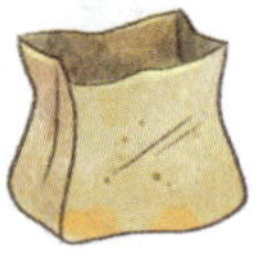

Ilustrações: Clarissa França/ Arquivo da editora

A) COMPARE AS DUAS PALAVRAS E PINTE AS LETRAS IGUAIS.

B) PINTE O GRUPO DAS LETRAS QUE SE REPETEM NAS DUAS PALAVRAS.

SAC | SAP | SAO | CPO

5 **RELEIA O TEXTO E COPIE NOS QUADRINHOS TRÊS PALAVRAS QUE TENHAM QUATRO LETRAS. ESCREVA CADA LETRA EM UM QUADRINHO.**

O SAPO DENTRO DO SACO,
O SACO COM O SAPO DENTRO.
O SAPO BATENDO PAPO,
O PAPO CHEIO DE VENTO.

DA TRADIÇÃO POPULAR.

6 **VAMOS BRINCAR COM ESSE TRAVA-LÍNGUA?**

A) COM A AJUDA DO PROFESSOR, DIVIDAM CADA VERSO DO TRAVA-LÍNGUA EM VÁRIAS PARTES.

O SAPO DENTRO DO SACO,
O SACO COM O SAPO DENTRO.
O SAPO BATENDO PAPO,
O PAPO CHEIO DE VENTO.

B) SENTEM-SE EM RODA.

C) CADA ALUNO DECORA UMA PARTE DE UM VERSO, SEGUINDO A ORDEM DO TEXTO.

D) TREINE SUA PARTE, REPETINDO-A ALGUMAS VEZES.

E) TENTE FALAR SUA PARTE RAPIDAMENTE E SEM ERRAR. ASSIM, O TRAVA-LÍNGUA SERÁ FALADO POR TODOS E DE UMA FORMA AINDA MAIS DIVERTIDA.

CONHECENDO OUTROS TEXTOS

LEIA MAIS UM TRAVA-LÍNGUA COM A AJUDA DO PROFESSOR. DEPOIS, REPITA-O O MAIS RÁPIDO QUE CONSEGUIR.

O PINTO PIA,
A PIA PINGA.
PINGA A PIA
E O PINTO PIA.
QUANTO MAIS O PINTO PIA,
MAIS A PIA PINGA.

DA TRADIÇÃO POPULAR.

Clarissa França/Arquivo da editora

1 **PINTE A RESPOSTA DE ACORDO COM O TEXTO.**

A) QUEM ESTÁ PIANDO? A PIA. A PIPA. O PINTO.

B) O QUE ESTÁ PINGANDO? A PIA. A PIPA. O PINTO.

2 **CIRCULE NO TRAVA-LÍNGUA AS DUAS LETRAS QUE MAIS SE REPETEM.**

- QUAL É O SOM QUE ESSAS LETRAS REPRESENTAM? REPRODUZA PARA OS COLEGAS E O PROFESSOR.

3 **OUÇA NOVAMENTE A LEITURA DO TRAVA-LÍNGUA PELO PROFESSOR E RESPONDA.**

A) QUAL É O SOM QUE O PINTO FAZ?

B) VOCÊ ACHA QUE A SONORIDADE DESSE TRAVA-LÍNGUA SE PARECE COM O PIAR DO PINTO? POR QUÊ?

C) E COM O BARULHO DO PINGO QUE CAI? POR QUÊ?

4 **RELEIA O SEGUNDO VERSO DO TRAVA-LÍNGUA.**

- POR QUE EM VEZ DE "A PIA PINGA" NÃO SE USOU "A TORNEIRA PINGA"? CONVERSE COM OS COLEGAS E O PROFESSOR.

DESCOBERTAS SOBRE A ESCRITA

1 COM A AJUDA DO PROFESSOR E EM VOZ ALTA, LEIA ESTE TRAVA-LÍNGUA COM PALAVRAS QUE COMEÇAM COM A LETRA **P**.

É PRETO O PRATO
DO PATO PRETO.

DA TRADIÇÃO POPULAR.

Ilustrações: Clarissa França/ Arquivo da editora

- AGORA, TENTE REPETIR CADA VERSO RAPIDAMENTE.

2 LIGUE A FRASE À ILUSTRAÇÃO QUE COMBINA MELHOR COM ELA.

O PRATO DO PATO É PRETO.

3 CIRCULE EM CADA NOME DE ANIMAL ABAIXO AS LETRAS QUE VOCÊ UTILIZA PARA ESCREVER **PATO**.

POMBO
PERU
PANDA
DINOSSAURO
PANTERA

4 LEIA A PALAVRA E OBSERVE O NÚMERO ABAIXO DE CADA LETRA.

P	A	N	T	E	R	A
1	2	3	4	5	6	7

Eric Isselee/Shutterstock

A) ESCREVA EM CADA QUADRINHO A LETRA CORRESPONDENTE AO NÚMERO.

2 3 4 2

1 5 3 7

Ilustrações: Bruna Assis Brasil/Arquivo da editora

B) AGORA, LIGUE CADA PALAVRA À FIGURA CORRETA.

5 ESCREVA SEU NOME. COLOQUE UMA LETRA EM CADA QUADRINHO.

■ QUANTAS LETRAS TEM SEU NOME?

6 OBSERVE A CENA.

■ DESCUBRA E ESCREVA O NOME DE TRÊS OBJETOS DA CENA NOS QUADRINHOS ABAIXO.

DICA: OBSERVE A POSIÇÃO DA LETRA **P** EM CADA PALAVRA.

Bruna Assis Brasil/Arquivo da editora

		P			
P					
P					

DIVERSÃO EM PALAVRAS

1 OBSERVE O NÚMERO DE LETRAS DE CADA PALAVRA DO QUADRO E COMPLETE A CRUZADINHA.

3 LETRAS	4 LETRAS	6 LETRAS
PIA	SAPO POTE	PRATOS

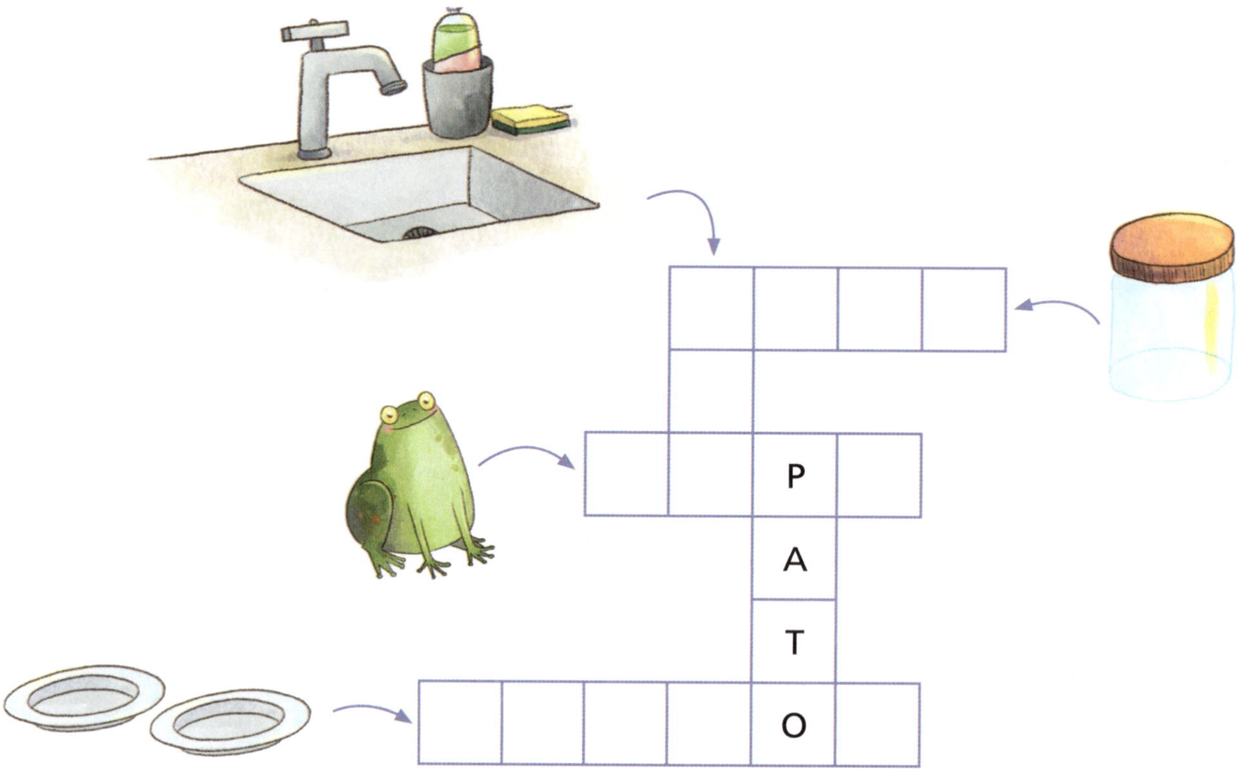

Ilustrações: Clarissa França/ Arquivo da editora

2 DESCUBRA AS LETRAS QUE FALTAM E COMPLETE AS PALAVRAS.

PAN**ELA**

JAN ....

vipman/Shutterstock

FIV ....

Enshpil/Shutterstock

V ....

Aksenova Natalya/ Shutterstock

TIG ....

siriratsavett/ Shutterstock

ENTRE LINHAS E IDEIAS

VOCÊ VAI ESCREVER UM TRAVA-LÍNGUA E SE PREPARAR PARA O **FESTIVAL DE TRAVA-LÍNGUAS** COM OS COLEGAS.

1. PLANEJAMENTO

A) OBSERVE AS FIGURAS E LEIA AS PALAVRAS CORRESPONDENTES EM VOZ ALTA.

Ilustrações: Bruna Assis Brasil/Arquivo da editora

1. PAI 2. PEDRO 3. PAREDE 4. PRÉDIO 5. PREGO

B) ESSAS PALAVRAS SERÃO USADAS NO TRAVA-LÍNGUA. IDENTIFIQUE A LETRA QUE SE REPETE E QUE PODE CAUSAR DIFICULDADES DE LEITURA.

2. PRIMEIRA VERSÃO

A) USE AS LETRAS MÓVEIS PARA FORMAR AS PALAVRAS QUE ESTÃO FALTANDO NO TRAVA-LÍNGUA ABAIXO. ATENÇÃO PARA OS NÚMEROS, QUE INDICAM QUAL PALAVRA DEVE SER UTILIZADA NOS ESPAÇOS.

> O .... (1) DO .... (2)
>
> PREGA UM .... (5)
>
> NA .... (3) DO .... (4).
>
> DA TRADIÇÃO POPULAR.

B) ESCREVA O TRAVA-LÍNGUA EM UMA FOLHA À PARTE. FIQUE ATENTO AOS ESPAÇOS ENTRE AS PALAVRAS E À ORGANIZAÇÃO DAS LINHAS.

3. REVISÃO

A) COMPARE AS PALAVRAS QUE VOCÊ ESCREVEU COM AS PALAVRAS DO COLEGA. VEJA SE A ORDEM DELAS É A MESMA.

B) SE VOCÊS IDENTIFICAREM ALGUMA DIFERENÇA, DISCUTAM QUAL É A MELHOR OPÇÃO PARA O TRAVA-LÍNGUA.

C) LEIA NOVAMENTE O TRAVA-LÍNGUA QUE VOCÊ ESCREVEU E MODIFIQUE O QUE FOR NECESSÁRIO. VERIFIQUE SE AS PALAVRAS ESTÃO ESCRITAS CORRETAMENTE.

4. VERSÃO FINAL

A) PASSE O TRAVA-LÍNGUA A LIMPO.

B) SE QUISER, DESENHE O QUE O PAI DE PEDRO PENDUROU NA PAREDE DO PRÉDIO DEPOIS DE PREGAR O PREGO.

C) GUARDE O TEXTO E VÁ PRATICANDO. EM BREVE, VOCÊ VAI PARTICIPAR DE UM FESTIVAL DE TRAVA-LÍNGUAS.

Ilustração e fotos: Bruna Assis Brasil/Arquivo da editora

DESCOBERTAS SOBRE A ESCRITA

1 LEIA O TEXTO EM VOZ ALTA E COM O PROFESSOR.

O RATO ROEU A ROUPA DO REI DE ROMA
E A RAINHA RIU DA ROUPA DO REI ROÍDA.

DA TRADIÇÃO POPULAR.

Clarissa França/Arquivo da editora

- CIRCULE A LETRA QUE FAZ A LÍNGUA "TRAVAR".

2 REÚNA-SE COM UM COLEGA E TROQUE A PRIMEIRA LETRA DAS PALAVRAS DO QUADRO. DEPOIS, ESCREVA AS PALAVRAS QUE VOCÊS FORMARAM.

RATO	ROMA	REI

Ilustrações: Clarissa França/Arquivo da editora

3 OBSERVE AS FIGURAS E PENSE: QUE LETRAS ESTÃO FALTANDO NO NOME DELAS? CONVERSE COM UM COLEGA E, DEPOIS, COMPLETE.

Ilustrações: Clarissa França/Arquivo da editora

C .... O A

.... E .... ÓGIO

.... OLA ....

4 **SIGA OS MODELOS E ACRESCENTE A LETRA R NAS PALAVRAS ABAIXO PARA FORMAR OUTRAS PALAVRAS.**

FACA → FRACA

FIO → FRIO

PATO → P......ATO

TIO → T......IO

CAVO → C......AVO

TOCO → T......OCO

TAPO → T......APO

CONTA → CONT......A

■ REÚNA-SE COM UM COLEGA E COMPAREM AS PALAVRAS QUE VOCÊS FORMARAM.

Bruna Assis Brasil/Arquivo da editora

A) CONVERSEM SOBRE O SIGNIFICADO DESSAS PALAVRAS. CASO NÃO CONHEÇAM ALGUMA DELAS, PEÇAM AJUDA AO PROFESSOR.

B) AGORA, COMPLETE A FRASE USANDO UMA DAS PALAVRAS QUE VOCÊ FORMOU.

UM .... É UM GRUPO DE TRÊS PESSOAS.

C) EM VOZ ALTA, LEIA UMA DAS PALAVRAS DA ATIVIDADE 4 SEM O **R** E SEU COLEGA LÊ A OUTRA COM O **R**.

5 **DESTA VEZ, VOCÊ VAI FAZER O CONTRÁRIO: RETIRAR A LETRA R E VER QUE PALAVRAS SÃO FORMADAS. VEJA O EXEMPLO.**

CORPO → COPO

FORCA → FO............

MARCA → MA............

PERNA → PE............

BARBA → BA............

■ REPITA COM OS COLEGAS CADA UM DOS PARES DE PALAVRAS EM VOZ ALTA.

CONHECENDO OUTROS TEXTOS

ACOMPANHE A LEITURA DESTE TRAVA-LÍNGUA FEITA PELO PROFESSOR. DEPOIS TENTE REPETIR.

FAROFA FEITA COM MUITA FARINHA FOFA
FAZ UMA FOFOCA FEIA.

DA TRADIÇÃO POPULAR.

Clarissa França/Arquivo da editora

1 CIRCULE, NO ALFABETO, A LETRA QUE FAZ A LÍNGUA "TRAVAR" NESSE TEXTO.

A B C D E F G H I J K L M
N O P Q R S T U V W X Y Z

2 QUANTAS PALAVRAS FORAM ESCRITAS COM ESSA LETRA NO TRAVA-LÍNGUA QUE VOCÊ ACABOU DE APRENDER? ☐

- COPIE QUATRO DESSAS PALAVRAS.

....

3 ESSE E OS OUTROS TRAVA-LÍNGUAS QUE VOCÊ LEU PASSAM DE GERAÇÃO EM GERAÇÃO. ESSA PRÁTICA FAZ PARTE:

☐ DA TRADIÇÃO POPULAR.

☐ DA IMAGINAÇÃO DE UMA ÚNICA PESSOA.

4 OUÇA A LEITURA DOS TRÊS TRAVA-LÍNGUAS A SEGUIR.

A VACA MALHADA FOI MOLHADA POR OUTRA VACA MOLHADA E MALHADA.

FIA, FIO A FIO, FINO FIO, FRIO A FRIO.

NO VASO TINHA UMA ARANHA E UMA RÃ. A RÃ ARRANHA A ARANHA. A ARANHA ARRANHA A RÃ.

TRAVA-LÍNGUAS DA TRADIÇÃO POPULAR.

- DE QUAL DESSES TRAVA-LÍNGUAS VOCÊ GOSTOU MAIS? POR QUÊ?

PRATICANDO A FALA E A ESCUTA

CHEGOU A HORA DO **FESTIVAL DE TRAVA-LÍNGUAS**! VOCÊ VAI MOSTRAR QUE JÁ CONSEGUE BRINCAR COM O DESAFIO DOS TRAVA-LÍNGUAS.

1. **PLANEJAMENTO**

A) VOCÊ SE LEMBRA DOS TRAVA-LÍNGUAS QUE ESTUDOU ATÉ AGORA? CONVERSE COM UM COLEGA SOBRE ELES.

B) RELEIA OS TRAVA-LÍNGUAS E ESCOLHA UM PARA RECITAR. VOCÊ VAI TENTAR FALAR O TRAVA-LÍNGUA ESCOLHIDO SEM TROPEÇAR!

2. **ENSAIO**

A) COPIE O TRAVA-LÍNGUA EM UMA FOLHA À PARTE E LEIA-O EM VOZ ALTA VÁRIAS VEZES.

B) PEÇA A ALGUM FAMILIAR QUE O AJUDE A ENSAIAR O TRAVA-LÍNGUA ESCOLHIDO EM VOZ ALTA. TENTE DECORAR O TEXTO.

3. **APRESENTAÇÃO**

A) COM O PROFESSOR, CONVIDE COLEGAS DA SALA OU DE OUTRAS TURMAS PARA PARTICIPAR DO FESTIVAL.

B) QUANDO FOR A SUA VEZ, RECITE SEM TROPEÇOS O TRAVA-LÍNGUA ESCOLHIDO E ENSAIADO. NÃO SE ESQUEÇA DE USAR UM TOM DE VOZ QUE TODOS POSSAM OUVIR.

C) LANCE O DESAFIO: QUEM DA PLATEIA CONSEGUE REPETIR SEM "TRAVAR" A LÍNGUA?

4. **AVALIAÇÃO**

A) CONVERSE COM OS COLEGAS E O PROFESSOR SOBRE AS QUESTÕES DO QUADRO ABAIXO.

- VOCÊ FALOU O TRAVA-LÍNGUA EM VOZ ALTA E CLARA?
- CONSEGUIU APRESENTAR SEM "TRAVAR" A LÍNGUA?
- OUVIU COM INTERESSE OS TRAVA-LÍNGUAS DOS COLEGAS?
- GOSTOU DE PARTICIPAR DESSA ATIVIDADE?

B) O QUE VOCÊ PODERIA FAZER PARA QUE SUA APRESENTAÇÃO FICASSE AINDA MELHOR? CONVERSE COM OS COLEGAS E O PROFESSOR.

DESCOBERTAS SOBRE A ESCRITA

1 **RELEIA O TRAVA-LÍNGUA COM A LETRA F.**

FAROFA FEITA COM MUITA FARINHA FOFA
FAZ UMA FOFOCA FEIA.

DA TRADIÇÃO POPULAR.

2 **PINTE DE:**

 A PALAVRA QUE TEM MAIS LETRAS.

 A PALAVRA QUE TEM MENOS LETRAS.

FAROFA | FOFOCA | FEIA | FAZ | FARINHA

3 **LIGUE AS PALAVRAS QUE TERMINAM COM SOM PARECIDO.**

FAROFA	PIPOCA
FOFOCA	TEIA
FEIA	GALHOFA
FARINHA	RAINHA

Clarissa França/Arquivo da editora

4 **ASSINALE O TRECHO QUE COMPLETA CORRETAMENTE A FRASE.**

A) FAROFA É:

☐ UMA COMIDA. ☐ UM JOGO. ☐ UMA BRINCADEIRA.

B) FOFOCA É:

☐ UM ANIMAL. ☐ UMA BRINCADEIRA. ☐ UM MEXERICO.

5 **QUE PALAVRAS COMEÇAM COM A MESMA LETRA DA MAIORIA DAS PALAVRAS QUE APARECEM NO TRAVA-LÍNGUA?**

☐ FANTASIA ☐ FEIJÃO ☐ EQUIPE ☐ ESTOJO

☐ ELEFANTE ☐ ERVILHA ☐ FIGURINHA ☐ FORMIGA

6 QUE PALAVRA INDICA CORRETAMENTE O NOME DO ANIMAL QUE ESTÁ NA FOTO?

Getty Images/Westend61

☐ FCA ☐ FOC ☐ FOCA ☐ AO

Andrey Pavlov/ Shutterstock

☐ FOIA ☐ FGA ☐ FORMG ☐ FORMIGA

Laszlo Janosek/ Getty Images

☐ FLAMINGO ☐ FL ☐ LAM ☐ FLA

jirateep sankote/ Shutterstock

☐ FRNG ☐ FRANGO ☐ FAO ☐ FANGO

7 TROQUE A LETRA **F** PELA LETRA **V** E FORME OUTRAS PALAVRAS.

Ilustrações: Banco de imagens/Arquivo da editora

FARINHA

VARINHA

A) FEIA ....

B) FERA ....

C) FACA ....

D) FEIO ....

- QUAL FOI O NOME DE PESSOA FORMADO AO TROCAR A LETRA **F** PELA LETRA **V**? NA TURMA, HÁ ALGUÉM QUE TENHA ESSE NOME?

....

DIVERSÃO EM PALAVRAS

1 VAMOS BRINCAR DE TRAVA-LÍNGUA? REÚNA-SE COM UM COLEGA E DIVIRTAM-SE LENDO OS TEXTOS EM VOZ ALTA.

1 2

O RATO ROEU A ROUPA DO REI DE ROMA
E A RAINHA RIU DA ROUPA DO REI ROÍDA.

GATO ESCONDIDO COM RABO DE FORA
ESTÁ MAIS ESCONDIDO QUE RABO ESCONDIDO
COM GATO DE FORA.

4

5

TRÊS PRATOS DE TRIGO PARA TRÊS TIGRES TRISTES.

A ROSA PERGUNTOU PRA ROSA QUAL É A ROSA
MAIS ROSA.
A ROSA RESPONDEU PRA ROSA QUE A ROSA MAIS
ROSA É A ROSA COR-DE-ROSA.

6

Ilustrações: Clarissa França/ Arquivo da editora

- AGORA, ESCREVA ABAIXO O NOME DAS IMAGENS QUE ACOMPANHAM CADA TRAVA-LÍNGUA.

1. ....
2. ....
3. ....
4. ....
5. ....
6. ....

2 **COMPLETE A CRUZADINHA. ESCREVA CADA LETRA EM UM QUADRINHO.**

DICA: OBSERVE A QUANTIDADE DE LETRAS DE CADA PALAVRA E A QUANTIDADE DE QUADRINHOS.

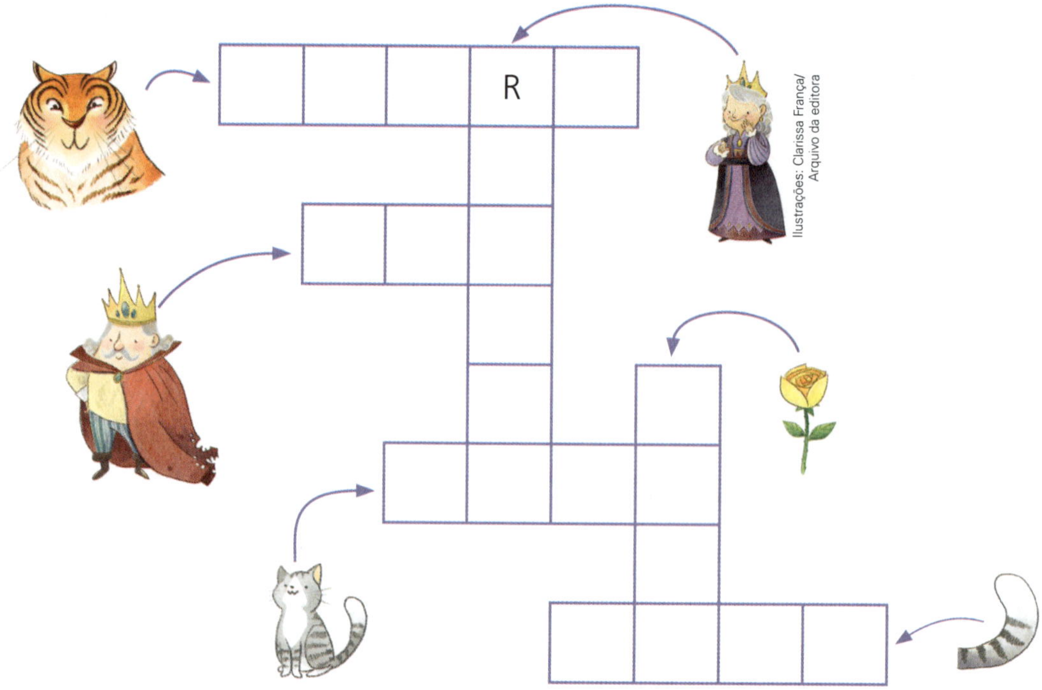

Ilustrações: Clarissa França/ Arquivo da editora

VAMOS FALAR SOBRE...

RESPEITO

O SER HUMANO VIVE EM GRUPOS E, PARA CONVIVER BEM COM AS PESSOAS, É PRECISO QUE TODOS RESPEITEM O AMBIENTE EM QUE ESTÃO.

QUANDO VOCÊ ESTÁ PRATICANDO ESPORTES NA AULA DE EDUCAÇÃO FÍSICA, PODE CORRER. JÁ NA SALA DE AULA, ISSO NÃO É ADEQUADO.

- LEIA ESTAS PERGUNTAS E, COM UM COLEGA, PENSEM EM ALGUMAS ATITUDES IMPORTANTES NO DIA A DIA PARA UMA BOA CONVIVÊNCIA.

  A) VOCÊ FALA BOM DIA OU BOA TARDE PARA A PESSOA QUE O RECEBE NA ESCOLA?

  B) QUANDO QUER FALAR EM SALA DE AULA, VOCÊ LEVANTA A MÃO, SEM INTERROMPER A PESSOA QUE ESTÁ FALANDO?

  C) VOCÊ COSTUMA AGRADECER ÀS PESSOAS QUE FIZERAM ALGUM FAVOR A VOCÊ? O QUE VOCÊ DIZ EM AGRADECIMENTO A ELAS?

AUTOAVALIAÇÃO

COMO FOI SEU APRENDIZADO NESTA UNIDADE?
REFLITA SOBRE ESTAS PERGUNTAS.
DEPOIS, MARQUE UM **X** NA OPÇÃO QUE MELHOR REPRESENTA SEU DESEMPENHO.

1. EU CONSIGO RECITAR TRAVA-LÍNGUAS?			
2. EU COMPARO LETRAS IGUAIS OU DIFERENTES EM PALAVRAS?			
3. EU CONSIGO CONTAR O NÚMERO DE LETRAS DAS PALAVRAS?			
4. EU CONSIGO COMPLETAR AS PALAVRAS QUE FALTAM EM UM TRAVA-LÍNGUA CONHECIDO?			
5. EU CONSIGO DIFERENCIAR AS LETRAS **F** E **V** NAS PALAVRAS?			
6. EU CONSIGO APRESENTAR UM TRAVA-LÍNGUA PARA COLEGAS E FAMILIARES?			

SUGESTÕES

PARA LER

- *ENROSCA OU DESENROSCA?* ADIVINHAS, TRAVA-LÍNGUAS E OUTRAS ENROSCADAS, DE MARIA JOSÉ NÓBREGA E ROSANE PAMPLONA (ORG.). SÃO PAULO: MODERNA, 2005.

  ESTE LIVRO REÚNE DIVERSAS BRINCADEIRAS ORAIS DIVERTIDAS, COMO ADIVINHAS, TRAVA-LÍNGUAS E PARLENDAS.

Divulgação/Ed. Moderna

Editora Caramelo/Arquivo da editora

- *QUEM CANTA SEUS MALES ESPANTA 2,* DE THEODORA MARIA MENDES DE ALMEIDA. SÃO PAULO: CARAMELO, 2009.

  ESTE LIVRO CONTÉM LETRAS DE MÚSICAS TRADICIONAIS, PARLENDAS, TRAVA-LÍNGUAS E ADIVINHAS. É ACOMPANHADO DE UM CD QUE COMPLETA A DIVERSÃO.

UNIDADE

4 BRINCADEIRA TAMBÉM TEM REGRA

NESTA UNIDADE, VOCÊ VAI:

- LER E ESCREVER TEXTOS COM INSTRUÇÕES E REGRAS.
- IDENTIFICAR PALAVRAS COM SONS INICIAIS E FINAIS IGUAIS.
- DIFERENCIAR AS LETRAS **P** E **B** E AS LETRAS **T** E **D** NAS PALAVRAS.
- EXPLICAR REGRAS.
- NOMEAR E ESCREVER AS LETRAS DO ALFABETO.

OBSERVE A IMAGEM AO LADO. DEPOIS, CONVERSE COM OS COLEGAS E O PROFESSOR SOBRE ESTAS QUESTÕES.

1. O QUE VOCÊ VÊ NA IMAGEM?
2. VOCÊ CONHECE ALGUMA BRINCADEIRA RETRATADA NA IMAGEM? QUAL?
3. QUAIS DESSAS BRINCADEIRAS SÃO MAIS APROPRIADAS PARA BRINCAR DENTRO DE CASA? POR QUÊ?
4. QUAL É SUA BRINCADEIRA PREFERIDA? COMO VOCÊ A APRENDEU?
5. TODAS AS BRINCADEIRAS TÊM REGRAS?
   - QUAIS SÃO AS REGRAS DA SUA BRINCADEIRA FAVORITA?

Ilustração e fotos: Bruna Assis Brasil/Arquivo da editora

TEXTO INSTRUCIONAL

1 VOCÊ JÁ SEGUIU INSTRUÇÕES PARA FAZER ALGO? O QUÊ?

2 OBSERVE AS IMAGENS A SEGUIR. É POSSÍVEL SABER SOBRE O QUE O TEXTO VAI TRATAR APENAS OLHANDO PARA ELAS?

3 OUÇA E ACOMPANHE A LEITURA DO TEXTO FEITA PELO PROFESSOR. VEJA COMO FAZER UM BRINQUEDO QUE TALVEZ VOCÊ CONHEÇA.

PETECA DE PAPEL E PLÁSTICO

MATERIAL

- FOLHAS DE PAPEL USADAS;
- UM SACO PLÁSTICO;
- FOLHAS COMPRIDAS DE PLANTAS;
- FITA ADESIVA OU BARBANTE.

COMO FAZER

Ilustrações: Clarissa França/Arquivo da editora

1. ENCHA O SACO PLÁSTICO COM AS FOLHAS DE PAPEL AMASSADAS.

2. AMARRE A PARTE DE CIMA DO SACO EM VOLTA DELA MESMA E PRENDA-A COM FITA ADESIVA, DEIXANDO UM FURO NO MEIO.

Ilustrações: Clarissa França/Arquivo da editora

3. ESPETE FOLHAS COMPRIDAS NO FURO, COMO SE ELAS FOSSEM AS PENAS DA PETECA.

DICA

VOCÊ TAMBÉM PODE AMARRAR A BASE DO SACO PLÁSTICO CHEIO DE PAPEL E DEIXAR AS PONTAS DELE PARA CIMA, COMO SE FOSSEM AS PENAS. ASSIM, A PETECA FICA BEM LEVE.

PETECA DE PAPEL E PLÁSTICO. MAPA DO BRINCAR. *FOLHA DE S.PAULO*. DISPONÍVEL EM: <http://mapadobrincar.folha.com.br/brincadeiras/construir/204-peteca-de-papel-e-plastico>. ADAPTADO. ACESSO EM: 19 MAR. 2018.

- AGORA, CONVERSE COM OS COLEGAS SOBRE ESTAS QUESTÕES.

A) QUAL BRINQUEDO FOI CONSTRUÍDO?

B) VOCÊ JÁ BRINCOU COM ESSE BRINQUEDO?

C) VOCÊ ACHOU FÁCIL CONSTRUIR ESSE OBJETO? AS IMAGENS AJUDAM A ENTENDER MELHOR AS INSTRUÇÕES? POR QUÊ?

D) VOCÊ CONHECE OUTRAS FORMAS DE FAZER ESTE BRINQUEDO QUE NÃO SEJA COM SACO PLÁSTICO E PAPEL? CONVERSE COM OS COLEGAS E OUÇA AS OUTRAS MANEIRAS POSSÍVEIS DE PRODUZI-LO.

CONHECENDO O TEXTO

QUE TAL CRIAR MAIS UM BRINQUEDO? OBSERVE AS IMAGENS DO TEXTO QUE VOCÊ VAI LER. É POSSÍVEL DIZER QUE BRINQUEDO É ESSE?

- AGORA, LEIA O TEXTO COM O PROFESSOR E VEJA SE VOCÊ ACERTOU.

COMO FAZER UM PLANADOR ÁGUIA EM CASA

PARA TER UM AVIÃO DESSES EM CASA, VOCÊ SÓ VAI PRECISAR DE:

- UMA FOLHA DE SULFITE COLORIDA;
- COLA;
- TESOURA.

AGORA, SIGA O PASSO A PASSO DO ORIGÂMI:

1. DOBRE A FOLHA DE PAPEL AO MEIO. (ELA PRECISA SER BEM CERTINHA, SENÃO O SEU AVIÃO FICARÁ TORTO!)

2. FAÇA DOIS TRIÂNGULOS NA PONTA DA FOLHA.

Fotos: Sergio Dotta/Dotta2

3. PEGUE A PONTA DOS TRIÂNGULOS E DOBRE ATÉ O MEIO DA FOLHA DE PAPEL.

4. VIRE A FOLHA DO OUTRO LADO E REPITA A DOBRA DO TRIÂNGULO NA PONTA.

5. VIRE A FOLHA MAIS UMA VEZ E DOBRE A PONTA DO QUADRADO PARA CIMA.

Fotos: Sergio Dotta/Dotta2

6. PEGUE A PONTA DESSE TRIÂNGULO E DOBRE PARA BAIXO.

7. DOBRE AS BORDINHAS DO TRIÂNGULO PARA O LADO, FORMANDO A FIGURA ACIMA.

8. ESTÁ QUASE FICANDO PRONTO! DOBRE O AVIÃO AO MEIO, IGUAL À FIGURA.

9. PARA A ÚLTIMA DOBRA DO SEU AVIÃO, CALCULE UMA LINHA IMAGINÁRIA DE MAIS OU MENOS 2 cm E DOBRE A PARTE DE CIMA PARA BAIXO. FAÇA ISSO DOS DOIS LADOS PARA TER AS ASAS DO SEU PLANADOR!

DICA: PARA MELHORAR A ***PERFORMANCE*** DO PLANADOR, COLAMOS O MEIO DELE E FIZEMOS ALGUNS CORTES NA PONTA. [...]

***PERFORMANCE*:** DESEMPENHO.

COMO FAZER UM PLANADOR ÁGUIA EM CASA. *MANUAL DO MUNDO*. DISPONÍVEL EM: <www.manualdomundo.com.br/2015/06/como-fazer-o-planador-aguia-em-casa/>. ACESSO EM: 19 MAR. 2018.

1 O QUE VOCÊ ACHOU DO TEXTO? ELE REALMENTE AJUDA A FAZER UM AVIÃO DE PAPEL?

2 SE O AVIÃO FOSSE MONTADO EM OUTRA ORDEM, DARIA CERTO? POR QUÊ?

3 APÓS A LEITURA, PODEMOS DIZER QUE:

A) É POSSÍVEL FAZER O AVIÃO DE PAPEL APENAS SEGUINDO AS IMAGENS?

☐ SIM ☐ NÃO

- POR QUÊ?

B) É POSSÍVEL FAZER O AVIÃO DE PAPEL APENAS SEGUINDO O TEXTO ESCRITO?

☐ SIM ☐ NÃO

- POR QUÊ?

4 A FUNÇÃO DO TEXTO LIDO É:

☐ ORIENTAR ALGUÉM A FAZER UM AVIÃO DE PAPEL.

☐ CONTAR UMA HISTÓRIA POR IMAGEM.

☐ CONVIDAR ALGUÉM PARA UMA BRINCADEIRA COM UM AVIÃO.

5 COM UM COLEGA, SIGA AS INSTRUÇÕES PARA MONTAR O AVIÃO DE PAPEL. MAS, ANTES DA MONTAGEM, PINTE-O COM LÁPIS DE COR. AJUDE O COLEGA A MONTAR O AVIÃO DELE.

Biry Sarkis/Arquivo da editora

DESCOBERTAS SOBRE A ESCRITA

1 ORDENE AS PARTES E DESCUBRA A PALAVRA.

RA	DOR	MO

2 CIRCULE AS PALAVRAS QUE **COMEÇAM** COMO A PALAVRA QUE VOCÊ DESCOBRIU NA ATIVIDADE ANTERIOR.

MOCHILA	VINAGRE	JANELA
CABANA	MOLA	PANELA
MODELO	LIMONADA	MOEDA
MARINA	BANANA	MOEDOR

3 AGORA, CIRCULE AS PALAVRAS QUE **TERMINAM** COMO A PALAVRA QUE VOCÊ DESCOBRIU.

REGADOR	VONTADE	DEDO
NOIVA	MEDO	NADA
JOGADOR	AVIADOR	NOME
CAÇADOR	DÚVIDA	VENDEDOR

Biry Sarkis/ Arquivo da editora

4 TROQUE A LETRA **P** PELA LETRA **B** E ESCREVA NOVAS PALAVRAS. DEPOIS, COMPARE SUAS RESPOSTAS COM AS DE UM COLEGA.

Deepak Aggarwal/ Getty Image

POMPOM

Madlen/Shutterstock

BOMBOM

POMBA → ....

PICADA → ....

POMPOM → ....

PULA → ....

PIA → ....

PODE → ....

POTE → ....

PULE → ....

5 DESCUBRA O SEGREDO E COMPLETE AS PALAVRAS.

PALAVRA

..........DEIRO

A..........GAR

LU..........

PALAVRA

..........MA

CA..........DO

GAIO..........

Design Seed/ Shutterstock

ecco/ Shutterstock

Sudowoodo/Shutterstock

CABANA

..........JU

ABA..........TE

MEXERI..........

CABANA

..........NANA

A..........CAXI

GOIA..........

PLen/Shutterstock

Banco de imagens/ Arquivo da editora

DIVERSÃO EM PALAVRAS

1 TODAS AS PALAVRAS QUE REPRESENTAM AS IMAGENS ABAIXO COMEÇAM COM **P** OU **B**. ESCREVA O NOME DE CADA UMA NOS ESPAÇOS CORRESPONDENTES.

Ilustrações: Banco de imagens/ Arquivo da editora

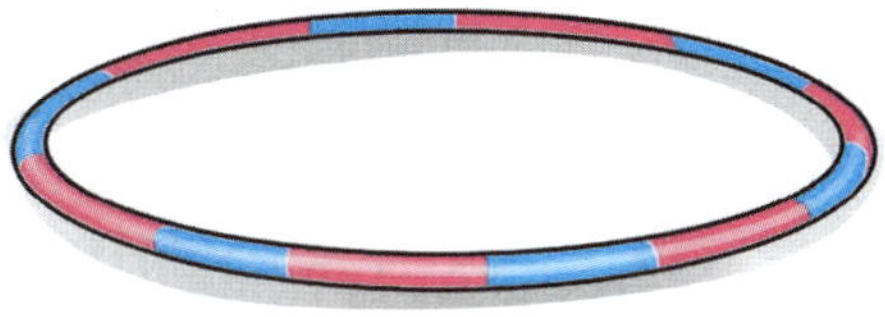

....

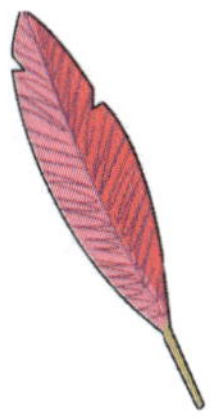
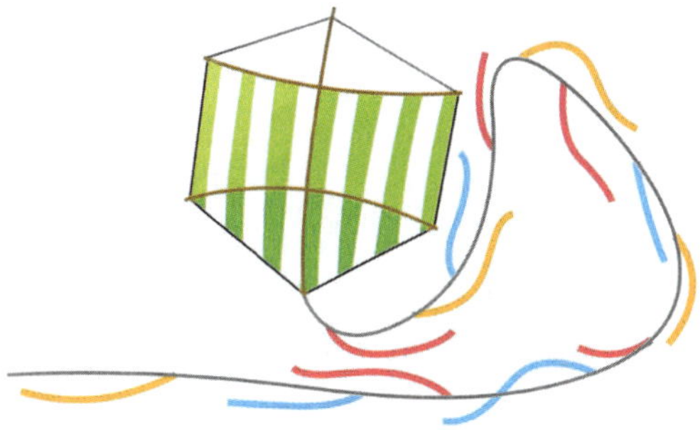

....

2 ENCONTRE E CIRCULE O NOME DE UM BRINQUEDO NO DIAGRAMA.

DICA: O NOME DO BRINQUEDO COMEÇA COM A LETRA **B**.

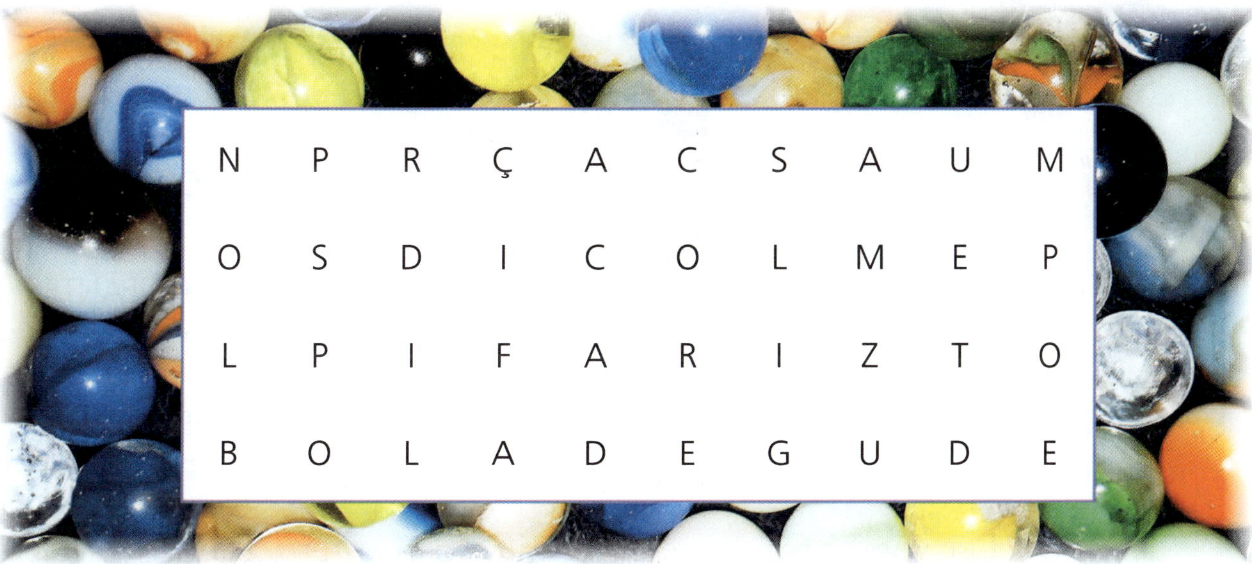

N	P	R	Ç	A	C	S	A	U	M
O	S	D	I	C	O	L	M	E	P
L	P	I	F	A	R	I	Z	T	O
B	O	L	A	D	E	G	U	D	E

Angie Selman/FOAP/Getty Images

CONHECENDO OUTROS TEXTOS

LEIA COM O PROFESSOR OUTRO TEXTO QUE EXPLICA AS REGRAS DE UMA BRINCADEIRA.

PASSA ANEL

JEITO DE BRINCAR

1. UMA CRIANÇA FICA COM UM ANEL NA MÃO E AS OUTRAS SENTAM EM UM BANCO, UMA AO LADO DA OUTRA, COM OS BRAÇOS ESTENDIDOS E AS PALMAS DAS MÃOS UNIDAS.

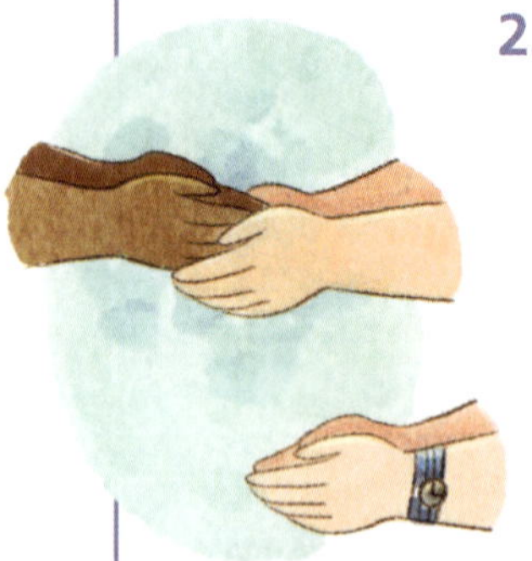

2. A CRIANÇA QUE ESTÁ COM O ANEL TAMBÉM UNE AS PALMAS DE SUAS MÃOS, COM O ANEL DENTRO, E PASSA SUAS MÃOS POR DENTRO DAS MÃOS DAS OUTRAS CRIANÇAS.

3. ELA TEM QUE DEIXAR O ANEL NAS MÃOS DE UMA DAS CRIANÇAS SEM QUE AS OUTRAS PERCEBAM.

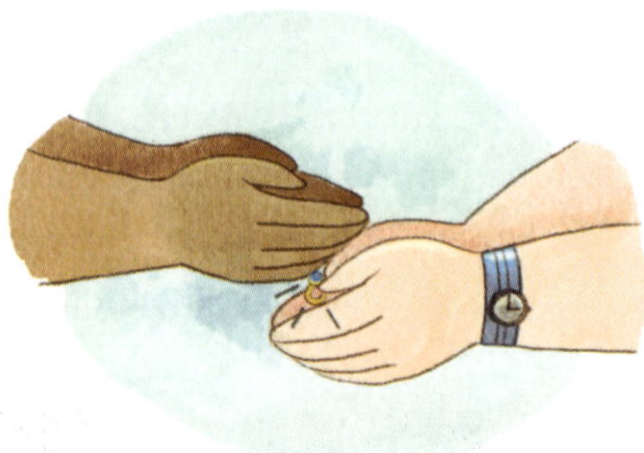

Ilustrações: Clarissa França/
Arquivo da editora

4. DEPOIS, ELA MOSTRA AS MÃOS VAZIAS E PERGUNTA A UM DOS PARTICIPANTES COM QUEM ESTÁ O ANEL.

5. SE ELE ACERTAR, VIRA O PASSADOR DE ANEL. SE NÃO, O ANEL SEGUE COM O MESMO PASSADOR ATÉ QUE ALGUÉM ACERTE.

PASSA ANEL. MAPA DO BRINCAR. *FOLHA DE S.PAULO*. DISPONÍVEL EM: <http://mapadobrincar.folha.com.br/brincadeiras/diversas/733-passa-anel>. ACESSO EM: 19 MAR. 2018.

1 AGORA, RESPONDA ÀS QUESTÕES.

A) VOCÊ COMPREENDEU A BRINCADEIRA? JÁ A CONHECIA? CONVERSE COM OS COLEGAS SOBRE ELA.

B) COM UM COLEGA, DESCUBRA QUANTAS PALAVRAS TEM A INSTRUÇÃO NÚMERO 3.

C) COMO VOCÊS DESCOBRIRAM O NÚMERO DE PALAVRAS?

2 COMPLETE AS PALAVRAS QUE TERMINAM COMO **PASSADOR**. USE AS IMAGENS COMO GUIA. SE TIVER DÚVIDAS, CONSULTE O QUADRO DE PALAVRAS.

PESCADOR ELEVADOR RALADOR

Ilustrações: Biry Sarkis/ Arquivo da editora

.................DOR ....DOR ....DOR

REFLETINDO SOBRE A LÍNGUA

1 O PROFESSOR VAI DITAR ALGUMAS LETRAS DO ALFABETO. ESCUTE COM ATENÇÃO E ESCREVA CADA LETRA NOS QUADRINHOS ABAIXO.

2 SEPARE AS PALAVRAS E COPIE-AS NAS LINHAS ABAIXO.

AMARELINHABOBINHOADOLETACIRANDA

DIVERSÃO EM PALAVRAS

1 **VOCÊ JÁ BRINCOU DE PULAR CORDA? NESSA BRINCADEIRA VOCÊ VAI CANTAR A ORDEM DAS LETRAS DO ALFABETO. COM A AJUDA DO PROFESSOR, LEIA A PARLENDA.**

SUCO GELADO,
CABELO ARREPIADO,
QUAL É A LETRA DO SEU NAMORADO?
A B C D E F G H I J K L M N O P Q R S T U V W X Y Z.

DA TRADIÇÃO POPULAR.

Clarissa França/Arquivo da editora

- CONHEÇA ALGUMAS REGRAS QUE FAZEM PARTE DESSA BRINCADEIRA.

A) DOIS COLEGAS PODEM BATER A CORDA EM RITMO NORMAL, E OUTRO COLEGA ENTRAR NA BRINCADEIRA PARA PULAR. ENQUANTO ISSO, TODOS RECITAM A PARLENDA NO RITMO DAS BATIDAS DA CORDA.

B) NA PARTE DO ALFABETO, A CORDA É BATIDA EM RITMO MAIS ACELERADO.

C) QUANDO O COLEGA QUE ESTÁ PULANDO ERRA, DIZ UM NOME QUE COMECE COM A LETRA EM QUE PAROU E VAI PARA O FIM DA FILA.

D) TODOS DEVEM PARTICIPAR DA BRINCADEIRA, INCLUINDO OS COLEGAS QUE COMEÇARAM BATENDO A CORDA.

PRATICANDO A FALA E A ESCUTA

VOCÊ E UM COLEGA VÃO APRESENTAR AS REGRAS DE UMA BRINCADEIRA DE QUE VOCÊS GOSTAM PARA A TURMA.

DEPOIS, VÃO COMBINAR COM O PROFESSOR UM DIA PARA PRATICAR TODAS AS BRINCADEIRAS.

1. **PLANEJAMENTO**

A) CONVERSE COM O COLEGA SOBRE BRINCADEIRAS QUE VOCÊS CONHECEM E PRATICAM. ESCOLHAM UMA QUE QUEIRAM ENSINAR PARA A TURMA.

B) VOCÊS VÃO CONVERSAR COM AS OUTRAS DUPLAS PARA SABER QUE BRINCADEIRA OS COLEGAS VÃO APRESENTAR.

C) SE UMA DUPLA PLANEJOU APRESENTAR A MESMA BRINCADEIRA QUE VOCÊS ESCOLHERAM, CONVERSEM PARA QUE UMA DAS DUPLAS ESCOLHA OUTRA BRINCADEIRA.

D) COMBINEM COM O PROFESSOR ONDE A ATIVIDADE SERÁ REALIZADA. PODE SER NO PÁTIO DA ESCOLA OU EM OUTRO ESPAÇO AMPLO.

2. **ENSAIO**

A) DURANTE O ENSAIO, QUE PODERÁ SER FEITO NO INTERVALO PARA O LANCHE, CADA INTEGRANTE DA DUPLA VAI PENSAR NA BRINCADEIRA E EXPLICAR PARA O OUTRO COMO SE BRINCA, USANDO ESTAS PALAVRAS.

PRIMEIRO DEPOIS POR FIM GANHA

B) ENSAIEM A EXPLICAÇÃO DA BRINCADEIRA. IMAGINEM QUE VOCÊS VÃO ENSINÁ-LA A ALGUÉM QUE NÃO A CONHECE.

C) UM DE VOCÊS PODE FALAR AS REGRAS DA BRINCADEIRA. O OUTRO REALIZA A BRINCADEIRA PARA VER SE DÁ CERTO. DEPOIS, VOCÊS INVERTEM OS PAPÉIS.

Clarissa França/Arquivo da editora

3. APRESENTAÇÃO

A) DECIDAM, ENTRE ESTAS OPÇÕES, COMO VOCÊS VÃO FAZER A EXPLICAÇÃO PARA A TURMA.

- UM DE VOCÊS EXPLICA, E O OUTRO FAZ A BRINCADEIRA SEGUINDO AS REGRAS PARA MOSTRAR.
- CADA UM EXPLICA UMA PARTE DA BRINCADEIRA.
- OS DOIS EXPLICAM E CHAMAM UM COLEGA DA TURMA PARA MOSTRAR A BRINCADEIRA SEGUINDO AS REGRAS.

B) FALEM AS PALAVRAS CLARAMENTE E EM UM TOM DE VOZ ADEQUADO PARA QUE TODOS POSSAM OUVIR.

C) USEM AS PALAVRAS **PRIMEIRO**, **DEPOIS**, **POR FIM** E **GANHA** PARA AJUDAR NA EXPLICAÇÃO.

D) COMBINEM COM O PROFESSOR UM DIA PARA QUE CADA DUPLA FAÇA A BRINCADEIRA QUE OUTRA DUPLA EXPLICOU.

Clarissa França/Arquivo da editora

4. AVALIAÇÃO

■ CONVERSEM COM O PROFESSOR E OS COLEGAS SOBRE ESTAS QUESTÕES.

- VOCÊS ACHAM QUE SELECIONARAM UMA BOA BRINCADEIRA PARA APRESENTAR?
- TODOS ENTENDERAM AS REGRAS QUE VOCÊS EXPLICARAM?
- O QUE VOCÊS FARIAM DE DIFERENTE SE TIVESSEM DE APRESENTAR NOVAMENTE AS REGRAS DA BRINCADEIRA?

DESCOBERTAS SOBRE A ESCRITA

1 LEIA AS PALAVRAS DO QUADRO.

ELÁSTICO	PETECA	CORDA	CIRANDA

- AGORA, COMPLETE A CRUZADINHA COM O NOME DAS BRINCADEIRAS DO QUADRO.

DICA: AS LETRAS **T** E **D** DAS PALAVRAS JÁ ESTÃO ESCRITAS.

Ilustrações: Biry Sarkis/Arquivo da editora

2 VAMOS BRINCAR DE BINGO DE PALAVRAS? SIGA AS INSTRUÇÕES.

A) DESTAQUE AS PALAVRAS DA FICHA 10 DO **MATERIAL COMPLEMENTAR**.

B) COLE CADA PALAVRA EM UM QUADRINHO ABAIXO. DISTRIBUA AS PALAVRAS NA ORDEM QUE VOCÊ PREFERIR.

C) LEIA AS PALAVRAS DA CARTELA EM VOZ ALTA. SE TIVER ALGUMA DÚVIDA, PEÇA AJUDA AO PROFESSOR.

D) O PROFESSOR VAI SORTEAR E LER EM VOZ ALTA UMA PALAVRA DE CADA VEZ. LOCALIZE E CIRCULE NA SUA CARTELA CADA PALAVRA SORTEADA.

E) ATENÇÃO! QUANDO CIRCULAR A ÚLTIMA PALAVRA DE UMA LINHA OU DE UMA COLUNA, CONFORME INFORMADO PELO PROFESSOR, GRITE **BINGO**!

ENTRE LINHAS E IDEIAS

VOCÊ E OS COLEGAS VÃO ESCREVER ALGUMAS REGRAS PARA A BOA CONVIVÊNCIA ESCOLAR. ESSAS REGRAS FICARÃO EXPOSTAS NO MURAL DA ESCOLA PARA QUE TODOS POSSAM LÊ-LAS.

1. **PLANEJAMENTO**

A) SENTEM-SE EM RODA E DISCUTAM "O QUE A GENTE PODE" E "O QUE A GENTE NÃO PODE" FAZER NA ESCOLA.

B) DEPOIS DE INICIADA A DISCUSSÃO, FAÇA DUPLA COM UM COLEGA E PENSEM EM ALGO QUE PODE SER FEITO NA ESCOLA E EM ALGO QUE NÃO PODE SER FEITO. ESTAS SERÃO AS REGRAS DE VOCÊS.

2. **PRIMEIRA VERSÃO**

- ESCREVAM EM UMA FOLHA À PARTE AS REGRAS QUE VOCÊS CRIARAM.

3. **REVISÃO**

A) O PROFESSOR VAI FIXAR NA LOUSA OU NO MURAL DA SALA AS FOLHAS COM AS REGRAS DAS DUPLAS. A TURMA VAI LER EM VOZ ALTA AS REGRAS CRIADAS.

B) A TURMA VAI ANALISAR AS REGRAS E TIRAR AQUELAS QUE APRESENTAREM IDEIAS REPETIDAS.

C) NESSE MOMENTO, OUTRAS IDEIAS PODERÃO SURGIR. SE TODOS CONCORDAREM, ELAS PODERÃO SER INCLUÍDAS.

4. **VERSÃO FINAL**

A) O PROFESSOR E A TURMA VÃO FIXAR NO MURAL DA ESCOLA AS REGRAS SELECIONADAS.

B) VOCÊS VÃO RELER AS REGRAS EM VOZ ALTA, COM A AJUDA DO PROFESSOR.

C) PRONTO! AGORA OS COLEGAS DE OUTRAS TURMAS PODERÃO LER AS REGRAS DE BOA CONVIVÊNCIA ESCOLAR.

DESCOBERTAS SOBRE A ESCRITA

1. VOCÊ SABE O QUE SÃO DEDOCHES?
SÃO FANTOCHES QUE PODEM SER COLOCADOS NOS DEDOS PARA CONTAR HISTÓRIAS.
VEJA A IMAGEM AO LADO.

Waldomiro Neto/Arquivo da editora

2. VOCÊ CONHECE OS APELIDOS DOS DEDOS? TROQUE IDEIAS COM O COLEGA E TENTEM SE LEMBRAR DOS CINCO APELIDOS. ESCREVAM.

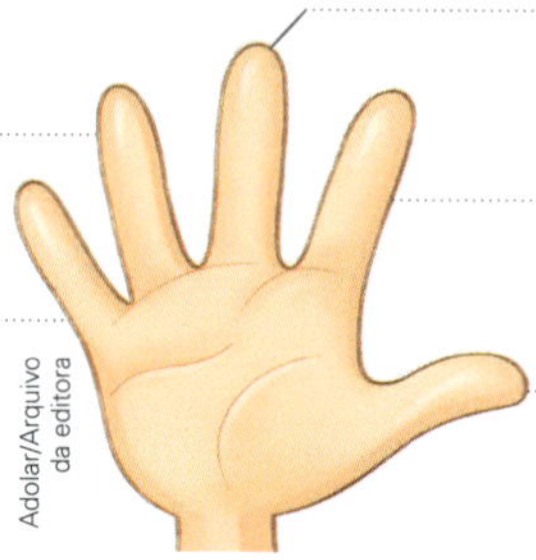
Adolar/Arquivo da editora

3. OBSERVE A PALAVRA **PAI** EM UM DOS APELIDOS DOS DEDOS. PERCEBA QUE AS LETRAS **A** E **I** APARECEM JUNTAS.

- OBSERVE AS FOTOS.

Ekaterina V. Borisova/Shutterstock

Business stock/Shutterstock

IB Photography/Shutterstock

vkstudio/Alamy/Latinstock

A) ESCREVA O NOME DOS ELEMENTOS QUE APARECEM NAS IMAGENS.

B) PINTE AS LETRAS A E I O U QUE APARECEM JUNTAS EM CADA PALAVRA.

DIVERSÃO EM PALAVRAS

1 QUE TAL BRINCAR DE PULAR CORDA COM OS COLEGAS RECITANDO PARLENDAS DIVERTIDAS?

- USE AS PARLENDAS ABAIXO OU OUTRAS QUE VOCÊ JÁ CONHECE.

  - PARA ENTRAR NA CORDA:

    BATALHÃO, LHÃO, LHÃO
    QUEM NÃO ENTRAR É UM BOBÃO!

  - PARA SAIR DA CORDA:

    ABACAXI, XI, XI
    QUEM NÃO SAIR É UM SACI!

  - PARA RECITAR PULANDO CORDA:

    SALADA, SALADINHA
    BEM TEMPERADINHA
    SAL
    PIMENTA
    FOGO
    FOGUINHO.

    DA TRADIÇÃO POPULAR.

PeopleImages/Getty Images

2 AS LETRAS DE ALGUNS NOMES DE BRINCADEIRAS FORAM MISTURADAS. DESCUBRA A ORDEM CORRETA E ESCREVA OS NOMES.

I I Ô O ....

C A F O R ....

N H A C I A S ....

B I Z M U ....

VAMOS FALAR SOBRE...

BRINCADEIRAS NO BRASIL

OS JEITOS DE BRINCAR E O NOME DE ALGUMAS BRINCADEIRAS MUDAM DEPENDENDO DA REGIÃO DO BRASIL. É O CASO DA **AMARELINHA**, QUE PODE SER CONHECIDA COMO **AMARELÃO**, **CANÇÃO**, **ESTRELA**, **CORAÇÃO**, ETC.

ASSIM COMO MUDA O NOME DESSA BRINCADEIRA, MUDAM TAMBÉM AS REGRAS E OS DESENHOS QUE SÃO FEITOS NO CHÃO PARA PULAR, QUE PODEM TER FORMA DE DIAGRAMA, DE CARACOL, ENTRE OUTRAS FORMAS.

- CONVERSE COM OS COLEGAS E O PROFESSOR SOBRE AS QUESTÕES A SEGUIR.

A) PEÇA A ALGUM ADULTO QUE CONTE COMO SE BRINCAVA DE AMARELINHA QUANDO ELE ERA CRIANÇA. PERGUNTE:
- QUE NOME ESSA BRINCADEIRA TINHA?
- QUAIS ERAM AS REGRAS?
- COMO ERA O DESENHO QUE SE FAZIA NO CHÃO?

B) NA REGIÃO ONDE VOCÊ VIVE, COMO SE BRINCA DE AMARELINHA? QUE NOME ESSA BRINCADEIRA RECEBE?

C) PARA CONHECER AS DIVERSAS MANEIRAS DE BRINCAR DE AMARELINHA, FAÇA UMA PESQUISA NA INTERNET COM A AJUDA DE UM ADULTO.

AUTOAVALIAÇÃO

COMO FOI SEU APRENDIZADO NESTA UNIDADE?
REFLITA SOBRE ESTAS PERGUNTAS.
DEPOIS, MARQUE UM **X** NA OPÇÃO QUE MELHOR REPRESENTA SEU DESEMPENHO.

1. EU CONSIGO LER TEXTOS COM INSTRUÇÕES E REGRAS?			
2. EU CONSIGO PRODUZIR TEXTOS COM INSTRUÇÕES E REGRAS?			
3. EU CONSIGO IDENTIFICAR PALAVRAS COM SONS INICIAIS IGUAIS?			
4. EU CONSIGO IDENTIFICAR PALAVRAS COM SONS FINAIS IGUAIS?			
5. EU CONSIGO DIFERENCIAR AS LETRAS **P** E **B** EM PALAVRAS?			
6. EU CONSIGO DIFERENCIAR AS LETRAS **T** E **D** EM PALAVRAS?			
7. EU SEI NOMEAR E ESCREVER AS LETRAS DO ALFABETO?			

SUGESTÕES

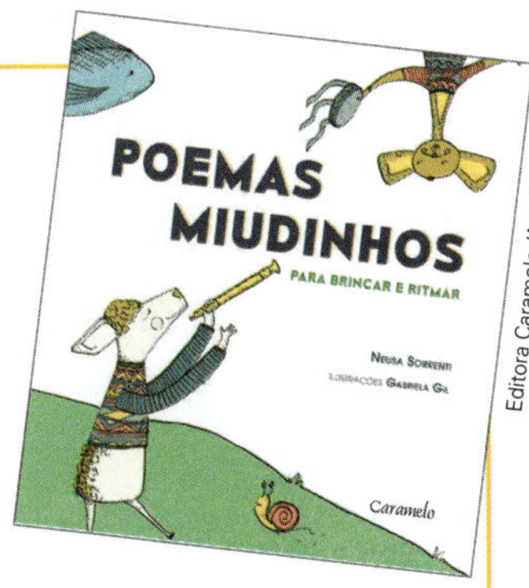

Editora Caramelo /Arquivo da editora

PARA LER E OUVIR

- *POEMAS MIUDINHOS:* PARA BRINCAR E RITMAR, DE NEUSA SORRENTI. SÃO PAULO: CARAMELO, 2015.
  ESTE LIVRO TRAZ POEMAS BEM-HUMORADOS E INSTRUÇÕES PARA A CONFECÇÃO DE INSTRUMENTOS MUSICAIS.

Divulgação/Rimo

PARA ASSISTIR E OUVIR

- *PALAVRA CANTADA* – BRINCADEIRAS MUSICAIS. PALAVRA CANTADA. *BLU-RAY*. BRASIL, 2011.
  ESTE É UM *SHOW* INTERATIVO DA DUPLA PALAVRA CANTADA.

UNIDADE

5 ANOTE AÍ!

NESTA UNIDADE, VOCÊ VAI:

- APRENDER O QUE É UMA LISTA.
- ESCREVER LISTAS SEGUINDO UM CRITÉRIO.
- IDENTIFICAR AS LETRAS QUE FORMAM AS PALAVRAS.
- ORDENAR PALAVRAS SEGUINDO A ORDEM ALFABÉTICA.
- REALIZAR UMA APRESENTAÇÃO ORAL.

OBSERVE A CENA AO LADO E CONVERSE COM OS COLEGAS SOBRE ESTAS QUESTÕES.

1. EM QUE ESPAÇO A CENA ACONTECE?
2. O QUE O PROFESSOR ESTÁ ORGANIZANDO COM A AJUDA DOS ALUNOS?
3. O QUE VOCÊ VÊ AFIXADO NO MURAL DA SALA DE AULA?
4. QUAIS SÃO AS SEMELHANÇAS E AS DIFERENÇAS ENTRE OS TEXTOS PRESENTES NA CENA?

Ilustração e fotos: Bruna Assis Brasil/Arquivo da editora

LISTA

VOCÊ SABE QUAIS SÃO OS MATERIAIS ESCOLARES QUE VOCÊ E OS COLEGAS USAM DURANTE AS AULAS?

IMAGINE QUE VOCÊS TENHAM DE ORGANIZAR ESSA INFORMAÇÃO. COMO VOCÊS FARIAM PARA NÃO ESQUECER NEM REPETIR NENHUM MATERIAL? CONVERSE COM OS COLEGAS SOBRE AS POSSIBILIDADES.

- AGORA, COM A AJUDA DO PROFESSOR, ESCREVA O NOME DE ALGUNS MATERIAIS ESCOLARES QUE VOCÊ UTILIZA TODOS OS DIAS.

Clarissa França/Arquivo da editora

A) NO TEXTO QUE VOCÊ ESCREVEU, LOCALIZE E CIRCULE O ITEM QUE VOCÊ MAIS USA NO DIA A DIA.

B) PERGUNTE A UM COLEGA QUE ITEM ELE CIRCULOU. O MATERIAL QUE VOCÊS MAIS USAM É O MESMO?

C) CONVERSE COM OS COLEGAS: QUE NOME VOCÊS DARIAM AO TEXTO QUE ESCREVERAM? EM QUE SITUAÇÕES UM TEXTO ASSIM PODE SER ÚTIL?

CONHECENDO O TEXTO

LEIA ESTA LISTA. SE TIVER DÚVIDA EM RELAÇÃO A ALGUMA PALAVRA, PERGUNTE AO PROFESSOR.

Clarissa França/Arquivo da editora

1 ESSA É UMA LISTA DE:

- [ ] BRINQUEDOS.
- [ ] COMPRAS.
- [ ] CONVIDADOS PARA UMA FESTA.
- [ ] MATERIAL ESCOLAR.

2 POR QUE UM DOS ITENS DA LISTA ESTÁ RISCADO?

3 PARA QUE SERVE UMA LISTA DE COMPRAS?

4 QUAIS ITENS **NÃO** COSTUMAM ENTRAR EM UMA LISTA DE COMPRAS COMO A QUE VOCÊ LEU?

- [ ] BOLA
- [ ] CAMISETA
- [ ] MACARRÃO
- [ ] MANTEIGA

5 CIRCULE A LETRA INICIAL DE CADA PALAVRA DA LISTA.

- ESSA LISTA SEGUE A ORDEM DAS LETRAS NO ALFABETO?

- [ ] SIM
- [ ] NÃO

DESCOBERTAS SOBRE A ESCRITA

1 QUE GRUPO DE LETRAS APARECE NAS PALAVRAS LISTADAS ABAIXO?

BANANA	BN ☐	BR ☐	BC ☐
IOGURTE	GTC ☐	GRT ☐	GCA ☐
COUVE	DV ☐	GV ☐	CV ☐
TOMATE	TM ☐	DT ☐	PT ☐

2 LIGUE O NOME DE CADA PRODUTO DA LISTA À QUANTIDADE CORRESPONDENTE DE LETRAS.

Ilustrações: Banco de imagens/Arquivo da editora

BANANA

3

IOGURTE

5

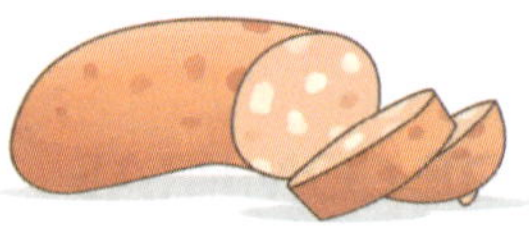

LINGUIÇA

6

OVO

8

COUVE

7

3 **LEIA ESTA LISTA DE COMPRAS E RISQUE NELA OS PRODUTOS DE HIGIENE PESSOAL.**

PASTA DE DENTES
SABONETE
SABÃO EM PÓ
DETERGENTE
FARINHA
ACHOCOLATADO
XAMPU

A) RELEIA A LISTA. DO MODO COMO FICOU, OS PRODUTOS DE HIGIENE PESSOAL AINDA PRECISARIAM SER COMPRADOS? CONVERSE COM OS COLEGAS.

B) SE ESSA LISTA SEGUISSE A ORDEM DO ALFABETO, QUAL SERIA O PRIMEIRO PRODUTO?

....

4 **LEIA OS ITENS DO QUADRO E INCLUA CADA UM DELES NA LISTA ADEQUADA.**

ABACAXI ABÓBORA CENOURA CHUCHU MAMÃO MORANGO

FRUTAS

....

....

....

LEGUMES

....

....

....

Ilustrações: Banco de imagens/ Arquivo da editora

- PINTE DA MESMA COR AS PALAVRAS QUE VOCÊ ESCREVEU E QUE COMEÇAM COM A MESMA LETRA.

DIVERSÃO EM PALAVRAS

1 SE VOCÊ E ALGUNS COLEGAS FIZESSEM UM PIQUENIQUE, QUE ALIMENTOS LEVARIAM? TROQUEM IDEIAS!

- AGORA, ESCREVA O NOME DOS ALIMENTOS DESTA LISTA.

GOSTOSURAS PARA O PIQUENIQUE

Ilustrações: Banco de imagens/Arquivo da editora

2 CIRCULE AS IMAGENS DOS ITENS QUE ESTÃO NA LISTA. PARA QUE SERÁ QUE ELES SERVEM?

Ilustrações: Banco de imagens/Arquivo da editora

- ✓ LEITE
- ✓ OVO
- ✓ FARINHA
- ✓ AÇÚCAR
- ✓ MANTEIGA
- ✓ FERMENTO

- COM TODOS ESSES INGREDIENTES JUNTOS, É POSSÍVEL FAZER:

☐ UMA SOPA. ☐ UM BOLO.

3 O QUE ESTE RAPAZ PARECE ESTAR FAZENDO? CONVERSE COM UM COLEGA.

Michael Traitov/Shutterstock

- AGORA, ESCOLHAM A AFIRMAÇÃO MAIS ADEQUADA.

A) O RAPAZ ESTÁ FAZENDO UMA LISTA DE COMPRAS. ☐

B) O RAPAZ ESTÁ CONSULTANDO SUA LISTA DE COMPRAS. ☐

4 **QUE PRODUTO AJUDA A DEIXAR O CORPO LIMPO E CHEIROSO?**

- ESCREVA AS LETRAS QUE FALTAM EM CADA LINHA PARA COMPLETAR A PALAVRA E DESCUBRA!

S		B		N		T	
	A		O		E		E
S	A						
						T	E
		B	O				
				N	E		

Biry Sarkis/Arquivo da editora

CONHECENDO OUTROS TEXTOS

AGORA, VOCÊ VAI LER MAIS UMA LISTA COM O PROFESSOR.

1 **PELO QUE ESTÁ ESCRITO, ESSA PODERIA SER UMA LISTA DE:**

☐ CONVIDADOS. ☐ COMPRAS. ☐ BRINCADEIRAS.

2 **CONSIDERE QUE A LISTA QUE VOCÊ ACABOU DE LER É UMA LISTA DE CONVIDADOS PARA UMA FESTA DE ANIVERSÁRIO.**

- COMPARE ESSA LISTA COM A LISTA DE CHAMADA DA SUA TURMA. O QUE ELAS TÊM DE IGUAL E DE DIFERENTE?

3 **NESSA LISTA DE CONVIDADOS, OS NOMES APARECEM UM ABAIXO DO OUTRO.**

- É POSSÍVEL DIZER QUE AS PESSOAS QUE ESTÃO NO COMEÇO DA LISTA SÃO MAIS IMPORTANTES QUE AS OUTRAS? POR QUÊ?

4 **RELEIA A LISTA DE CONVIDADOS E CIRCULE OS NOMES QUE COMEÇAM COM A MESMA LETRA.**

5 **SE VOCÊ TIVESSE DE COLOCAR OS NOMES QUE CIRCULOU EM ORDEM ALFABÉTICA, COMO FICARIA? JUSTIFIQUE ORALMENTE.**

DESCOBERTAS SOBRE A ESCRITA

1 **RELEIA OS NOMES DA LISTA DE CONVIDADOS DA FESTA DE ANIVERSÁRIO.**

MARIANA ENZO TATI PAULINHO CAROLINA RAUL
ANA BEATRIZ GUILHERME BRUNO GABRIELA LÍLIAN

A) ORGANIZE ESSES NOMES NOS GRUPOS A SEGUIR.

LISTA DE CONVIDADOS	
MENINOS	MENINAS

Ilustrações: Biry Sarkis/ Arquivo da editora

B) CONFIRA SUA RESPOSTA COM A DOS COLEGAS.

2 **LIGUE OS NOMES QUE SE INICIAM COM LETRAS IGUAIS.**

MARIANO	JOANA
PAULO	GABRIELA
JOÃO	MARIANA
GABRIEL	PAULA

- O QUE HÁ DE IGUAL E O QUE HÁ DE DIFERENTE NESSES NOMES? CONVERSE COM UM COLEGA.

3 ANOTE NO PRIMEIRO QUADRINHO A LETRA QUE SE REPETE EM CADA NOME E, NO SEGUNDO QUADRINHO, O NÚMERO DE VEZES QUE ELA APARECE.

MARIANA	☐	☐	JOÃO	☐	☐
CAROLINA	☐	☐	GUILHERME	☐	☐
TATI	☐	☐	GABRIELA	☐	☐

4 OBSERVE ESTAS PALAVRAS.

PARA MARA VARA CARA LARA

■ O QUE ACONTECE QUANDO SE TROCA A PRIMEIRA LETRA DA PALAVRA **PARA**?

5 TROQUE A PRIMEIRA LETRA E ESCREVA UMA LISTA DE PALAVRAS COM FINAL IGUAL AO DA PRIMEIRA PALAVRA.

BIA

....

....

....

BETO

....

....

....

Ilustrações: Banco de imagens/Arquivo da editora

6 O NOME **ANA** ESTÁ "ESCONDIDO" NAS PALAVRAS ABAIXO. ENCONTRE E CIRCULE ESSE NOME SEMPRE QUE ELE APARECER.

BANANA CABANA JOANA

JULIANA MARIANA SEMANA

ENTRE LINHAS E IDEIAS

VOCÊ VAI MONTAR UMA AGENDA COM A DATA DE ANIVERSÁRIO DOS COLEGAS DA TURMA E PODERÁ USÁ-LA AO LONGO DO ANO.

1. PLANEJAMENTO

A) CASO NÃO SE LEMBRE DO DIA DO SEU ANIVERSÁRIO, PERGUNTE À PESSOA RESPONSÁVEL POR VOCÊ E ANOTE-O.

B) O PROFESSOR VAI CHAMAR TODOS OS ALUNOS PARA ESCREVER O PRÓPRIO NOME E A DATA DO ANIVERSÁRIO NA LOUSA. OS PRIMEIROS SERÃO AQUELES QUE TÊM O NOME INICIADO PELA LETRA **A**.

Clarissa França/Arquivo da editora

- QUANDO FOR SUA VEZ, ESCREVA COM CAPRICHO SEU NOME E A DATA DO SEU ANIVERSÁRIO.

2. PRIMEIRA VERSÃO

A) EM UMA FOLHA À PARTE, ESCREVA A LETRA **A** E COPIE ABAIXO DELA A LISTA DE NOMES DOS COLEGAS QUE COMEÇAM COM ESSA LETRA. AO LADO DE CADA NOME, ESCREVA A DATA DO ANIVERSÁRIO CORRESPONDENTE.

B) FAÇA O MESMO COM AS OUTRAS LETRAS DO ALFABETO, ATÉ COMPLETAR A LISTA COM O NOME E O ANIVERSÁRIO DE TODOS OS COLEGAS.

3. REVISÃO

- MOSTRE SUA LISTA PARA UM COLEGA E LEIA A LISTA DELE. PENSE SOBRE AS PERGUNTAS A SEGUIR.

> - OS NOMES ESTÃO ORGANIZADOS NAS LETRAS ADEQUADAS?
> - TODOS OS NOMES ESTÃO ACOMPANHADOS DA DATA DE ANIVERSÁRIO?
> - AS PALAVRAS ESTÃO ESCRITAS CORRETAMENTE?

4. VERSÃO FINAL

A) DESTAQUE AS FOLHAS DA AGENDA DAS FICHAS 11 A 18 DO **MATERIAL COMPLEMENTAR**.

B) COPIE DA SUA LISTA O NOME E A DATA DE ANIVERSÁRIO DOS COLEGAS NOS ESPAÇOS RESERVADOS, COMEÇANDO PELA LETRA **A**. FAÇA O MESMO COM AS LETRAS SEGUINTES.

C) COM A AJUDA DO PROFESSOR, MONTE A AGENDA, PRENDENDO AS PÁGINAS JÁ PREENCHIDAS.

D) CONSULTE A AGENDA PARA SE LEMBRAR DE DAR OS PARABÉNS AOS ANIVERSARIANTES!

CONHECENDO OUTROS TEXTOS

COM A AJUDA DO PROFESSOR, LEIA MAIS ESTA LISTA.

JOGO DA MEMÓRIA	CATA-VENTO
BONECO DE PANO	CAVALO DE PAU
URSO DE PELÚCIA	TRENZINHO
BOLA DE VÔLEI	CORDA
PETECA	TAMBOR

Banco de imagens/Arquivo da editora

1. ESSA É UMA LISTA DE:

- [ ] CONVIDADOS.
- [ ] BRINQUEDOS.
- [ ] ANIVERSARIANTES.
- [ ] INGREDIENTES.

2. VOCÊ CONHECE TODOS ESSES BRINQUEDOS?

A) CIRCULE O NOME DOS BRINQUEDOS QUE VOCÊ NÃO CONHECE.

B) CONVERSE COM OS COLEGAS PARA DESCOBRIR COMO SÃO ESSES BRINQUEDOS.

DESCOBERTAS SOBRE A ESCRITA

1 LEIA O NOME DESTES BRINQUEDOS E CIRCULE AQUELE QUE TEM MAIS LETRAS.

CAVALO DE PAU	CORDA	PETECA	TAMBOR	TRENZINHO

2 ESCREVA O NOME DOS BRINQUEDOS QUE APARECEM NAS FIGURAS A SEGUIR.

Ilustrações: Adolar/ Arquivo da editora

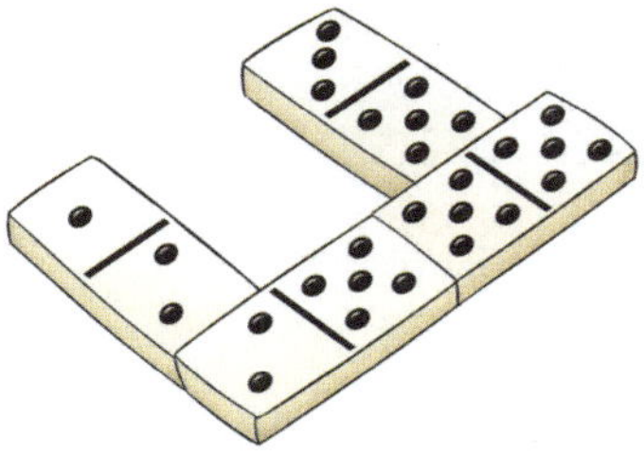

....

....

A) O QUE ESSES NOMES TÊM EM COMUM?

....

B) PINTE NO ALFABETO TODAS AS LETRAS QUE VOCÊ USOU PARA ESCREVER ESSES NOMES.

Biry Sarkis/Arquivo da editora

3 ESCREVA O NOME DE UM BRINQUEDO OU DE UMA BRINCADEIRA QUE COMECE COM CADA UMA DAS LETRAS INDICADAS.

C .... E ....

S .... P ....

4 COPIE O TÍTULO DESTES LIVROS.

Banco de imagens/ Arquivo da editora

A) PINTE A LETRA INICIAL DE CADA TÍTULO.

B) SE VOCÊ FOSSE ESCREVER ESSES TÍTULOS NA ORDEM DO ALFABETO, QUAL SERIA O PRIMEIRO?

....

5 SIGA AS DICAS E DESCUBRA O TÍTULO DE OUTRO LIVRO.

Ilustrações: Banco de imagens/ Arquivo da editora

....

■ COMPARE O TÍTULO QUE VOCÊ ESCREVEU COM O DE UM COLEGA.

DIVERSÃO EM PALAVRAS

1 VOCÊ É UM BOM DETETIVE? SIGA AS INSTRUÇÕES E LEVE O MENINO ATÉ O LIVRO.

DICA: ANOTE A LETRA QUE CORRESPONDE A CADA PISTA.

A) COMECE PELA SEGUNDA LETRA DO ALFABETO.

B) SIGA PARA A LETRA QUE EXISTE NO MEIO DA PALAVRA **LUA**.

C) VÁ PARA A ÚNICA LETRA QUE SE REPETE EM **AMARELINHA**.

D) PASSE PELA ÚLTIMA LETRA DO NOME **JOÃO**.

E) PULE PARA A PRIMEIRA LETRA DA PALAVRA **CORDA**.

F) SIGA PARA A OITAVA LETRA DO ALFABETO.

G) VÁ PARA A LETRA QUE SE REPETE EM **PETECA**.

Clarissa França/Arquivo da editora

2 QUE FIGURAS ESTÃO NO LUGAR ERRADO? ESCREVA O NOME DE TODAS ELAS E DESCUBRA!

DICA: OBSERVE A PRIMEIRA LETRA DAS PALAVRAS E COMPARE COM A SEQUÊNCIA DO ALFABETO.

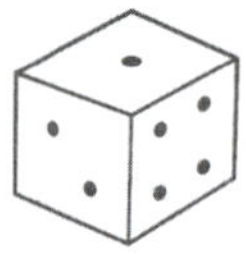

Ilustrações: Banco de imagens/ Arquivo da editora

- EM CADA GRUPO, PINTE A FIGURA QUE ESTÁ NO LUGAR ERRADO.

3 LEIA ESTES NOMES DE BRINQUEDOS.

CORDA PETECA TAMBOR TRENZINHO

- AGORA, ENCONTRE E CIRCULE ESSAS PALAVRAS NO DIAGRAMA ABAIXO.

V	P	E	T	E	C	A	A	P	T
P	E	H	U	F	C	O	R	D	A
S	M	E	H	S	O	L	O	O	B
T	A	M	B	O	R	O	R	U	U
H	L	U	T	G	E	T	B	R	Z
O	D	R	U	B	A	C	A	B	K
T	R	E	N	Z	I	N	H	O	I
P	L	O	H	V	I	U	V	A	H

Ilustrações: Banco de imagens/ Arquivo da editora

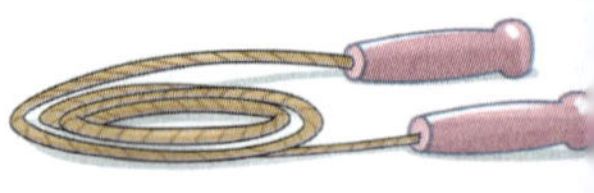

PRATICANDO A FALA E A ESCUTA

VOCÊ E OS COLEGAS VÃO ORGANIZAR O DIA DA BRINCADEIRA. PARA ISSO, VÃO PENSAR EM BRINCADEIRAS E DECIDIR EM CONJUNTO QUAIS SERÃO REALIZADAS NESSE DIA.

Clarissa França/ Arquivo da editora

1. PLANEJAMENTO

A) REÚNAM-SE EM QUATRO GRUPOS E SORTEIEM UM TIPO DE BRINCADEIRA PARA CADA GRUPO.

- COM BOLA.
- COM CORDA.
- COM PAPEL.
- DE PALMAS.

B) CONVERSEM SOBRE ESTAS QUESTÕES.

- QUAIS DESSAS BRINCADEIRAS SÃO AS FAVORITAS DE VOCÊS?
- COMO SE BRINCA?
- DE QUAIS GOSTARIAM DE BRINCAR COM OS COLEGAS DA TURMA?

C) ESCOLHAM QUAIS BRINCADEIRAS VÃO SUGERIR PARA TODA A TURMA E ESCREVAM UMA LISTA EM UMA FOLHA AVULSA.

D) REVEJAM A LISTA E VERIFIQUEM SE HÁ BRINCADEIRAS QUE GOSTARIAM DE TIRAR OU INCLUIR.

E) VOCÊS TERÃO DE APRESENTAR AS SUGESTÕES DO GRUPO PARA O RESTANTE DA TURMA. ENTÃO, ORGANIZEM COMO SERÁ ESSA APRESENTAÇÃO.

- PENSEM SOBRE:
  - O QUE SERÁ DITO DE CADA UMA DAS BRINCADEIRAS PARA MOSTRAR O QUANTO ELAS SÃO DIVERTIDAS?
  - QUEM VAI APRESENTAR CADA BRINCADEIRA?
  - QUAL SERÁ A ORDEM DAS APRESENTAÇÕES DENTRO DO GRUPO?

2. ENSAIO

A) SEGUINDO A ORGANIZAÇÃO QUE DECIDIRAM DURANTE O PLANEJAMENTO, CADA UM DEVE APRESENTAR SUA BRINCADEIRA PARA OS COLEGAS DO GRUPO.

B) FIQUEM ATENTOS À EXPLICAÇÃO DOS COLEGAS. QUANDO ELES TERMINAREM, DEEM DICAS E SUGESTÕES QUE PODEM AJUDÁ-LOS NA APRESENTAÇÃO FINAL.

3. APRESENTAÇÃO

A) CADA GRUPO APRESENTA SUA LISTA PARA TODA A TURMA. COMECEM DIZENDO O TIPO DE BRINCADEIRA QUE FOI SORTEADO PELO GRUPO.

B) NÃO SE ESQUEÇAM DE QUE TODOS OS INTEGRANTES DEVEM PARTICIPAR DA APRESENTAÇÃO.

C) PROCUREM FALAR EM VOZ ALTA E COM CLAREZA, PARA TODOS OUVIREM.

D) CADA UM EXPLICA O FUNCIONAMENTO DE SUA BRINCADEIRA E O PORQUÊ DE ACHÁ-LA DIVERTIDA. SE PREFERIREM, FAÇAM DEMONSTRAÇÕES.

E) PRESTEM ATENÇÃO DURANTE A APRESENTAÇÃO DOS COLEGAS E TIREM SUAS DÚVIDAS QUANDO ELES TERMINAREM DE FALAR.

F) QUANDO TODOS OS GRUPOS TIVEREM FINALIZADO AS APRESENTAÇÕES, REÚNAM-SE E, COM O AUXÍLIO DO PROFESSOR, ESCOLHAM AS BRINCADEIRAS QUE SERÃO REALIZADAS NO DIA DA BRINCADEIRA.

- COMBINEM QUANDO E ONDE AS BRINCADEIRAS VÃO ACONTECER. SE FOR PRECISO, FAÇAM UMA LISTA DO MATERIAL NECESSÁRIO.

4. AVALIAÇÃO

A) REFLITA SOBRE SUA PARTICIPAÇÃO NA ATIVIDADE QUE ACABOU DE REALIZAR.

B) COM OS COLEGAS E O PROFESSOR, CONVERSE SOBRE AS QUESTÕES DO QUADRO ABAIXO.

- COMO VOCÊ SE SENTIU AO ORGANIZAR O DIA DA BRINCADEIRA?
- VOCÊ SUGERIU ALGUMA BRINCADEIRA PARA A LISTA DO SEU GRUPO?
- COMO VOCÊ SE SENTIU FALANDO PARA TODA A TURMA?
- O QUE VOCÊ FARIA DE DIFERENTE SE TIVESSE DE FAZER UMA NOVA APRESENTAÇÃO?
- VOCÊ E OS COLEGAS CHEGARAM DE FORMA RESPEITOSA A UM ACORDO SOBRE AS BRINCADEIRAS ESCOLHIDAS?

DESCOBERTAS SOBRE A ESCRITA

1 **O PROFESSOR VAI DITAR O NOME DE ALGUNS BRINQUEDOS E DE ALGUMAS BRINCADEIRAS.**

- PINTE OS NOMES QUE ELE DISSER.

PIÃO	JOGO DA MEMÓRIA	DOMINÓ
PEGA-VARETAS	CASINHA	PETECA
AMARELINHA	PEGA-PEGA	QUEIMADA

Ilustrações: Banco de imagens/Arquivo da editora

2 **COM OS COLEGAS E O PROFESSOR, ESCREVAM UMA LISTA DAS BRINCADEIRAS QUE GOSTARIAM DE FAZER EM CADA DIA DA SEMANA.**

LISTA DE BRINCADEIRAS DA SEMANA

SEGUNDA-FEIRA: ....

....

TERÇA-FEIRA: ....

....

QUARTA-FEIRA: ....

....

QUINTA-FEIRA: ....

....

SEXTA-FEIRA: ....

....

ENTRE LINHAS E IDEIAS

AGORA, VOCÊ E OS COLEGAS VÃO ESCREVER UMA LISTA COM SUGESTÕES DAQUILO QUE PODERIA SER MELHORADO NA ESCOLA PARA ORGANIZAR AS ATIVIDADES E O CONVÍVIO NO AMBIENTE ESCOLAR.

ESSA LISTA SERÁ ENCAMINHADA À DIREÇÃO DA ESCOLA.

1. PLANEJAMENTO

A) PENSEM EM MUDANÇAS QUE PODERIAM DEIXAR A ESCOLA MELHOR. ALGUMAS PERGUNTAS QUE PODEM AJUDÁ-LOS NESTA TAREFA SÃO:

- O PÁTIO ESTÁ ORGANIZADO DE MODO QUE TODOS CONSEGUEM BRINCAR JUNTOS?
- OS LIVROS DA BIBLIOTECA SÃO EM QUANTIDADE SUFICIENTE PARA TODOS OS ALUNOS?
- HÁ BRINQUEDOS DISPONÍVEIS PARA QUE OS ALUNOS BRINQUEM NO INTERVALO?
- EXISTE UM CANTINHO DE LEITURA? E UMA GIBITECA?

B) COMPARTILHEM SUAS IDEIAS COM OS COLEGAS E OUÇAM AS IDEIAS DELES.

C) DISCUTAM TODAS AS IDEIAS APRESENTADAS. ESCOLHAM EM CONJUNTO QUAIS SUGESTÕES SERÃO LEVADAS À DIREÇÃO E COMO ELAS SERÃO ORDENADAS NA LISTA.

Clarissa França/Arquivo da editora

2. PRIMEIRA VERSÃO

- COM A AJUDA DO PROFESSOR, FAÇAM A LISTA COM AS SUGESTÕES ESCOLHIDAS.

3. REVISÃO

A) RELEIAM O TEXTO PENSANDO SOBRE AS SEGUINTES QUESTÕES.

- A LISTA ESTÁ ORGANIZADA SEGUINDO O CRITÉRIO QUE VOCÊS DEFINIRAM?
- AS SUGESTÕES ESTÃO CLARAS E FÁCEIS DE SER ENTENDIDAS?
- O TEXTO ESTÁ ADEQUADO PARA SER LEVADO À DIREÇÃO DA ESCOLA?

B) REESCREVAM O TEXTO FAZENDO OS AJUSTES NECESSÁRIOS.

4. VERSÃO FINAL

A) COLOQUEM O NOME DA PESSOA PARA QUEM A LISTA SERÁ ENVIADA E UMA IDENTIFICAÇÃO DA TURMA.

B) COMBINEM COM O PROFESSOR COMO VOCÊS VÃO ENCAMINHAR A LISTA À PESSOA RESPONSÁVEL.

VAMOS FALAR SOBRE...

ORGANIZAÇÃO

AS LISTAS SÃO USADAS PARA PLANEJAR E ORGANIZAR ALGUMAS ATIVIDADES DO NOSSO DIA A DIA. MAS, ALÉM DELAS, EXISTEM OUTRAS MANEIRAS DE ORGANIZAR O AMBIENTE E A CONVIVÊNCIA COM AS OUTRAS PESSOAS.

LEIA COM O PROFESSOR:

- ABRIU, FECHE.
- ACENDEU, APAGUE.
- DESARRUMOU, ARRUME.
- SUJOU, LIMPE.

■ CONVERSE COM OS COLEGAS SOBRE ESSAS AÇÕES.

A) VOCÊ COSTUMA PRATICÁ-LAS?

B) COMO VOCÊ AJUDA A MANTER SUA CASA ORGANIZADA?

C) QUE ATITUDES VOCÊ PODERIA ADOTAR PARA CONTRIBUIR MAIS PARA A ORGANIZAÇÃO DA SUA CASA? E DA SALA DE AULA?

DIVERSÃO EM PALAVRAS

■ VAMOS ORGANIZAR ESTA LISTA DE BRINQUEDOS E BRINCADEIRAS?

DICA: SIGA A ORDEM DO ALFABETO.

AVIÃO DE PAPEL
FANTOCHE
CORRE-CUTIA
TELEFONE SEM FIO
GANGORRA
AMARELINHA
CORDA

LISTA DE BRINQUEDOS E BRINCADEIRAS

Biry Sarkis/Arquivo da editora

- CONVERSE COM OS COLEGAS: QUAL DESSES É SEU BRINQUEDO OU SUA BRINCADEIRA PREFERIDA? POR QUÊ?

AUTOAVALIAÇÃO

COMO FOI SEU APRENDIZADO NESTA UNIDADE?
REFLITA SOBRE ESTAS PERGUNTAS.
DEPOIS, MARQUE UM **X** NA OPÇÃO QUE MELHOR REPRESENTA SEU DESEMPENHO.

1. EU SEI O QUE É UMA LISTA?			
2. EU SEI ESCREVER LISTAS SEGUINDO UM CRITÉRIO?			
3. EU CONSIGO IDENTIFICAR AS LETRAS QUE FORMAM AS PALAVRAS?			
4. EU CONSIGO ORGANIZAR PALAVRAS SEGUINDO A ORDEM DAS LETRAS NO ALFABETO?			
5. EU CONSIGO FAZER UMA APRESENTAÇÃO ORAL?			

SUGESTÕES

PARA LER

- *LISTAS FABULOSAS*, DE EVA FURNARI.
  SÃO PAULO: MODERNA, 2013.
  VOCÊ VAI SE DIVERTIR AO CONHECER O CLUBE DAS LISTAS CRIADO POR MEMBROS MUITO FAMOSOS.

Divulgação/Ed. Moderna

Reprodução/ Editora Salamandra

- *OUTRAS DUAS DÚZIAS DE COISINHAS À TOA QUE DEIXAM A GENTE FELIZ*, DE OTAVIO ROTH.
  SÃO PAULO: SALAMANDRA, 2017.
  QUE TAL FAZER UMA LISTA COM 24 PEQUENAS ALEGRIAS DO SEU DIA A DIA? FOI ISSO QUE O AUTOR DESTE LIVRO FEZ! EM CADA PÁGINA TEM UMA COISINHA SIMPLES QUE DEIXA A GENTE FELIZ.

NÃO DESPERDICE!

IMAGINE QUE DOIS COLEGAS REPARTIRAM UM SANDUÍCHE EM TRÊS PARTES.

Ilustrações: Mariana Coan/Arquivo da editora

CADA UM DELES COMEU UMA DAS PARTES, E O OUTRO PEDAÇO DO SANDUÍCHE SOBROU.

1 **O QUE VOCÊ FARIA COM O PEDAÇO QUE SOBROU? CONVERSE COM OS COLEGAS.**

OS DOIS AMIGOS DEIXARAM O PEDAÇO ESTRAGAR, E ELE ACABOU INDO PARA O **LIXO**.

ISSO PODE PARECER ABSURDO, MAS TODOS OS DIAS UMA PARTE DE TODO O ALIMENTO QUE HÁ NO MUNDO É DESPERDIÇADA. O DESPERDÍCIO OCORRE DURANTE A PRODUÇÃO, O TRANSPORTE, O ARMAZENAMENTO E MESMO EM NOSSA CASA, COMO VOCÊ VIU NO EXEMPLO.

VOCÊ JÁ PENSOU NO QUE ACONTECE QUANDO JOGAMOS COMIDA NO LIXO?

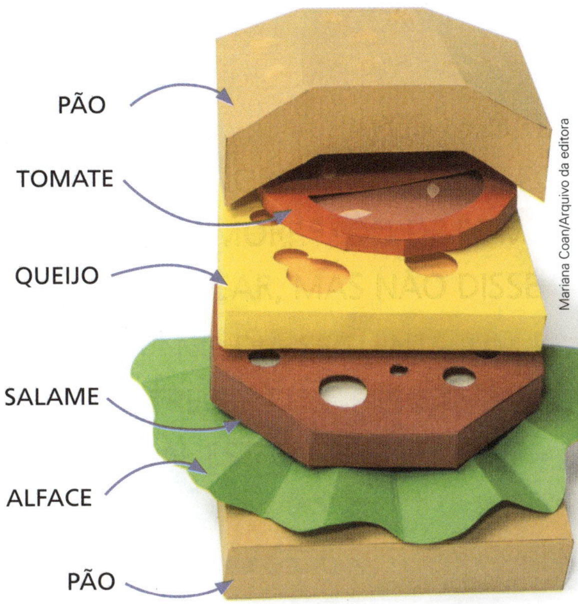

Mariana Coan/Arquivo da editora

QUANDO JOGAMOS NO LIXO UM SIMPLES PEDAÇO DE SANDUÍCHE, ESTAMOS DESPERDIÇANDO **MUITOS ALIMENTOS**.
O DESPERDÍCIO DE COMIDA É UM PROBLEMA QUE DEVE SER COMBATIDO, JÁ QUE A COMIDA QUE VAI PARA O LIXO PODERIA ALIMENTAR MUITAS PESSOAS.

2 COM A AJUDA DO PROFESSOR, LEIA A LISTA DE ATITUDES E ESCOLHA AQUELAS QUE AJUDAM A EVITAR O DESPERDÍCIO DE ALIMENTOS.

- [ ] FAZER UMA LISTA DE COMPRAS ANTES DE IR AO MERCADO.
- [ ] APROVEITAR TODAS AS PARTES DOS VEGETAIS, INCLUSIVE TALOS E CASCAS.
- [ ] EVITAR IR AO MERCADO COM FOME.
- [ ] REAPROVEITAR A COMIDA QUE SOBROU DE UMA REFEIÇÃO.
- [ ] COMER MAIS DO QUE O NECESSÁRIO.

A) CONVERSE COM OS COLEGAS SOBRE AS ATITUDES QUE VOCÊ MARCOU.

B) ALÉM DAS ATITUDES ASSINALADAS, QUE OUTRAS ATITUDES TAMBÉM PODEM AJUDAR A EVITAR O DESPERDÍCIO DE ALIMENTOS?

C) QUAIS DAS ATITUDES APRESENTADAS SÃO PRATICADAS POR VOCÊ E PELAS PESSOAS DE SUA CONVIVÊNCIA? QUAIS SÃO MAIS FÁCEIS DE ADOTAR?

UNIDADE

6 VAMOS CANTAR?

NESTA UNIDADE, VOCÊ VAI:

- LER E CANTAR CANTIGAS.
- IDENTIFICAR E CRIAR RIMAS.
- CONTAR E SEPARAR PALAVRAS DE UM VERSO.
- ORDENAR VERSOS.
- ESCREVER UMA NOVA VERSÃO PARA UMA CANTIGA CONHECIDA.

OBSERVE A IMAGEM AO LADO E CONVERSE COM OS COLEGAS SOBRE ESTAS QUESTÕES.

1. O QUE A IMAGEM MOSTRA?
2. AS CRIANÇAS DA IMAGEM PARECEM ESTAR PARADAS OU EM MOVIMENTO? QUE ELEMENTOS DA IMAGEM PODEM COMPROVAR SUA RESPOSTA?
3. VOCÊ JÁ PARTICIPOU DESSE TIPO DE BRINCADEIRA?
4. ALÉM DE CAMINHAR EM CÍRCULO COM AS MÃOS DADAS, O QUE MAIS FAZ PARTE DESSA BRINCADEIRA?
5. VOCÊ CONHECE ALGUMA MÚSICA CANTADA EM BRINCADEIRAS DE RODA? SE SIM, QUAL?

Ilustração e fotos: Bruna Assis Brasil/Arquivo da editora

CANTIGAS

1 O QUE VOCÊ GOSTA DE FAZER PARA SE DIVERTIR? QUAIS SÃO SUAS BRINCADEIRAS PREFERIDAS? CONTE AOS COLEGAS.

2 DE QUAIS DAS BRINCADEIRAS ABAIXO VOCÊ GOSTA MAIS?

karelnoppe/Shutterstock

Bill Bachmann/Photoresearchers/Latinstock

Iakov Filimonov/Shutterstock

Rawpixel.com/Shutterstock

■ DE QUE OUTRAS BRINCADEIRAS VOCÊ GOSTA? CONVERSE COM OS COLEGAS E DESCUBRA QUAIS SÃO AS BRINCADEIRAS PREFERIDAS DELES.

3 DESENHE SUA BRINCADEIRA FAVORITA. DEPOIS, ESCREVA O NOME DELA E MOSTRE SEU DESENHO PARA UM COLEGA.

Banco de imagens/Arquivo da editora

....

4 VOCÊ CONHECE ALGUMA BRINCADEIRA EM QUE AS PESSOAS CANTAM ENQUANTO BRINCAM? QUAL? ESCREVA ABAIXO.

....

- VOCÊ SABE DE COR A CANTIGA DESSA BRINCADEIRA? SE SOUBER, CANTE PARA UM COLEGA E OUÇA A QUE ELE CONHECE.

CONHECENDO O TEXTO

O TEXTO A SEGUIR É UMA CANTIGA QUE PODE SER CANTADA DURANTE UMA BRINCADEIRA. OUÇA A LEITURA DO PROFESSOR E TENTE ACOMPANHÁ-LA.

A CANOA VIROU

A CANOA VIROU,
POIS DEIXARAM ELA VIRAR.
FOI POR CAUSA DA MARIA
QUE NÃO SOUBE REMAR.

SE EU FOSSE UM PEIXINHO
E SOUBESSE NADAR,
EU TIRAVA A MARIA
DO FUNDO DO MAR.

SIRI PRA CÁ,
SIRI PRA LÁ,
MARIA É BELA
E QUER CASAR.

DA TRADIÇÃO POPULAR.

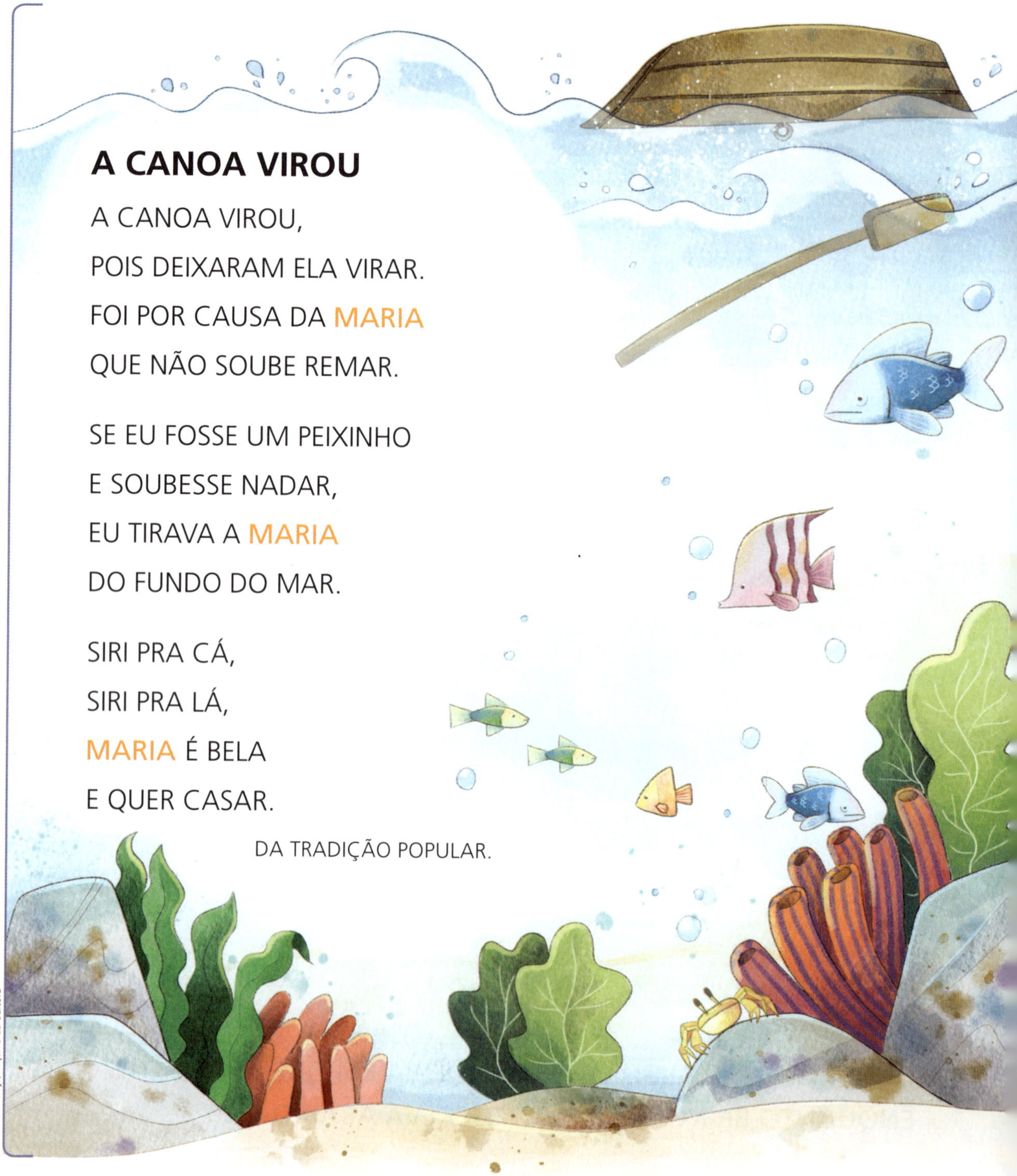

Clarissa França/Arquivo da editora

1 ESCOLHA UM NOME PARA SUBSTITUIR AS PALAVRAS DESTACADAS NO TEXTO. CANTE A CANTIGA COM ESSE NOME PARA UM COLEGA.

2 AGORA, COMPLETE A CANTIGA COM O NOME QUE VOCÊ ESCOLHEU.

A CANOA VIROU

A CANOA VIROU,
POIS DEIXARAM ELA VIRAR.
FOI POR CAUSA D______ ______________
QUE NÃO SOUBE REMAR.

SE EU FOSSE UM PEIXINHO
E SOUBESSE NADAR,
EU TIRAVA ______ ______________
DO FUNDO DO MAR.

SIRI PRA CÁ,
SIRI PRA LÁ,
______________ É BEL______
E QUER CASAR.

DA TRADIÇÃO POPULAR.

3 EM QUAL SITUAÇÃO É MAIS COMUM CANTAR ESSA CANTIGA?

Ilustrações: Clarissa França/Arquivo da editora

4 AGORA, COMPLETE A CANTIGA COM AS PALAVRAS QUE ESTÃO FALTANDO.

A CANOA VIROU

A CANOA VIROU,
POIS DEIXARAM ELA ....
FOI POR CAUSA DA MARIA
QUE NÃO SOUBE ....

SE EU FOSSE UM PEIXINHO
E SOUBESSE ....,
EU TIRAVA A MARIA
DO FUNDO DO ....

SIRI PRA CÁ,
SIRI PRA LÁ,
MARIA É BELA
E QUER ....

Clarissa França/
Arquivo da editora

DA TRADIÇÃO POPULAR.

5 AS PALAVRAS QUE VOCÊ USOU PARA COMPLETAR A CANTIGA TERMINAM COM O MESMO SOM. ESCREVA MAIS TRÊS PALAVRAS QUE APRESENTEM ESSE SOM NO FINAL.

....

6 OUÇA ESTA INFORMAÇÃO QUE O PROFESSOR VAI LER.

QUANDO AS PALAVRAS TERMINAM COM SONS PARECIDOS, DIZEMOS QUE ELAS **RIMAM**.

- AGORA, COMPLETE OS ESPAÇOS COM PALAVRAS QUE RIMEM.
  - PEIXINHO RIMA COM ....
  - BELA RIMA COM ....

REFLETINDO SOBRE A LÍNGUA

1 SERÁ QUE VOCÊ CONHECE ESTA CANTIGA? ACOMPANHE A LEITURA DO PROFESSOR.

CIRANDA, CIRANDINHA

CIRANDA, CIRANDINHA,
VAMOS TODOS CIRANDAR,
VAMOS DAR A MEIA-VOLTA,
VOLTA E MEIA VAMOS DAR.

O ANEL QUE TU ME DESTE
ERA VIDRO E SE QUEBROU,
O AMOR QUE TU ME TINHAS
ERA POUCO E SE ACABOU.

DA TRADIÇÃO POPULAR.

Clarissa França/Arquivo da editora

- CIRCULE AS PALAVRAS QUE ESTÃO NO FIM DOS VERSOS E QUE RIMAM.

2 EM QUE BRINCADEIRA ESSA CANTIGA PODE SER CANTADA?

....

- QUE PALAVRAS DO TEXTO INDICAM ISSO? CONVERSE COM OS COLEGAS E O PROFESSOR.

3 ESCREVA MAIS UMA PALAVRA QUE RIME COM AS PALAVRAS DE CADA LISTA.

ANEL	AMOR
PAPEL	SABOR

4 VOCÊ SABE O QUE É UMA **CIRANDA**? CONVERSE COM OS COLEGAS.

5 OBSERVE ALGUMAS PALAVRAS DO TEXTO E RESPONDA ÀS QUESTÕES.

CIRANDA	CIRANDINHA	QUEBROU	VIDRO

A) QUAL DESSAS PALAVRAS TEM O MAIOR NÚMERO DE LETRAS?

- ESCREVA NO QUADRINHO QUANTAS LETRAS ESSA PALAVRA TEM.

.... ☐ LETRAS

B) E QUAL DESSAS PALAVRAS TEM O MENOR NÚMERO DE LETRAS?

- ESCREVA NO QUADRINHO QUANTAS LETRAS ESSA PALAVRA TEM.

.... ☐ LETRAS

6 RELEIA A CANTIGA "CIRANDA, CIRANDINHA" CONTANDO O NÚMERO DE PALAVRAS QUE CADA VERSO TEM.

- DEPOIS, COPIE:

A) O VERSO COM O MENOR NÚMERO DE PALAVRAS.

....

....

B) UM DOS VERSOS COM O MAIOR NÚMERO DE PALAVRAS.

....

....

....

Banco de imagens/Arquivo da editora

DIVERSÃO EM PALAVRAS

AS CANTIGAS COSTUMAM SER CANTADAS EM MOMENTOS DE DIVERSÃO E LAZER AO AR LIVRE, EM GERAL ACOMPANHANDO BRINCADEIRAS.

1 **A CANTIGA "CIRANDA, CIRANDINHA" PERTENCE À TRADIÇÃO POPULAR. VOCÊ SE LEMBRA DO QUE ISSO QUER DIZER? CONVERSE COM OS COLEGAS E O PROFESSOR.**

2 **PARA CANTAR, USAMOS BASTANTE A MEMÓRIA. SERÁ QUE VOCÊ SE LEMBRA DE ALGUMA CANTIGA? SIGA ESTAS ORIENTAÇÕES.**

A) O PROFESSOR VAI RETIRAR UMA PALAVRA DE UM SAQUINHO.

Clarissa França/Arquivo da editora

B) QUEM SOUBER UMA MÚSICA OU CANTIGA QUE TENHA ESSA PALAVRA LEVANTA A MÃO E CANTA PARA A TURMA.

C) SE MAIS DE UM COLEGA SOUBER A MESMA CANTIGA, VOCÊS PODEM CANTAR JUNTOS.

D) DESAFIO: CASO NÃO CONHEÇA OU NÃO SE LEMBRE DE NENHUMA CANTIGA, VOCÊ PODERÁ:

- INVENTAR UMA CANTIGA DE IMPROVISO, ISTO É, SEM TER SE PREPARADO ANTES.
- CRIAR RIMAS NA SUA CANTIGA.

DESCOBERTAS SOBRE A ESCRITA

1. VOLTE AO TEXTO "A CANOA VIROU", DA PÁGINA 136, E COPIE QUATRO PALAVRAS QUE COMECEM COM A LETRA **C**.

2. CIRCULE OS TÍTULOS DE CANTIGAS QUE O PROFESSOR VAI DITAR.

AI, EU ENTREI NA RODA	BALAIO	SAMBA LELÊ
FUI NO ITORORÓ	PEIXE VIVO	VAI ABÓBORA

3. OBSERVE AS IMAGENS. O QUE APARECE EM CADA UMA DELAS?

DICA: TODAS AS PALAVRAS APARECEM EM CANTIGAS QUE VOCÊ LEU.

Dja65/Shutterstock

Vladimir Sazonov/Shutterstock

vanchai/Shutterstock

- AGORA, ESCREVA A PALAVRA CORRESPONDENTE A CADA IMAGEM.

CONHECENDO OUTROS TEXTOS

CANTIGAS E CANÇÕES PODEM ESTAR PRESENTES EM MUITOS MOMENTOS DE NOSSA VIDA: QUANDO EMBALAMOS O SONO DOS BEBÊS, QUANDO ESTAMOS FELIZES, PARA COMEMORAR O ANIVERSÁRIO DE ALGUÉM, PARA BRINCAR...

1 **E VOCÊ, GOSTA DE CANTAR? EM QUE SITUAÇÕES? CONVERSE COM OS COLEGAS E O PROFESSOR.**

2 **QUAL É SUA MÚSICA PREFERIDA? CANTE PARA UM COLEGA E ESCUTE A MÚSICA PREFERIDA DELE.**

3 **ESTE É O TÍTULO DA CANTIGA QUE VOCÊ VAI LER A SEGUIR.**

O MEU GALINHO

Clarissa França/Arquivo da editora

A) VOCÊ CONHECE ALGUMA CANTIGA COM ESSE TÍTULO? SE SIM, QUAL? CONTE AOS COLEGAS.

B) QUE PALAVRAS VOCÊ ACHA QUE PODERÁ ENCONTRAR NESSA CANTIGA? ANOTE-AS.

ACOMPANHE A LEITURA DO PROFESSOR E DESCUBRA SE VOCÊ JÁ CONHECIA ESTA CANTIGA.

O MEU GALINHO

FAZ TRÊS NOITES QUE EU NÃO DURMO, Ô LA LÁ
POIS PERDI O MEU GALINHO, Ô LA LÁ
COITADINHO, Ô LA LÁ
POBREZINHO, Ô LA LÁ
EU PERDI LÁ NO JARDIM

ELE É BRANCO E AMARELO, Ô LA LÁ
TEM A CRISTA VERMELHINHA, Ô LA LÁ
BATE AS ASAS, Ô LA LÁ
ABRE O BICO, Ô LA LÁ
ELE FAZ QUI-RI-QUI-QUI

JÁ RODEI O MATO GROSSO, Ô LA LÁ
AMAZONAS E PARÁ, Ô LA LÁ
ENCONTREI, Ô LA LÁ
MEU GALINHO, Ô LA LÁ
NO SERTÃO DO CEARÁ

ENCONTREI, Ô LA LÁ
MEU GALINHO, Ô LA LÁ
NO SERTÃO DO CEARÁ

DA TRADIÇÃO POPULAR.

Clarissa França/Arquivo da editora

4 APARECEU ALGUMA PALAVRA QUE VOCÊ ESPERAVA ENCONTRAR NO TEXTO? SE SIM, COPIE-A ABAIXO.

....

- SE NÃO APARECEU NENHUMA, SUBLINHE NO TEXTO UMA PALAVRA QUE CHAMOU SUA ATENÇÃO.

5 VOCÊ GOSTOU DESSA CANTIGA? POR QUÊ? CONVERSE COM OS COLEGAS.

6 NA CANTIGA, QUEM PERDEU O GALINHO? DISCUTA COM UM COLEGA.

7 COMO SERÁ QUE A PESSOA QUE PERDEU O GALINHO SE SENTIU? VOCÊ PODE ASSINALAR MAIS DE UMA RESPOSTA.

- [ ] BRAVA
- [ ] PREOCUPADA
- [ ] TRANQUILA
- [ ] FELIZ
- [ ] CHATEADA
- [ ] TRISTE

8 QUANTAS NOITES A PESSOA QUE PERDEU O GALINHO FICOU SEM DORMIR? CIRCULE O NÚMERO CORRETO.

2 3 6 1

9 O GALINHO FOI PROCURADO EM VÁRIOS LOCAIS.

A) EM QUE LOCAIS O GALINHO FOI PROCURADO?

- [ ] MATO GROSSO
- [ ] PARÁ
- [ ] GOIÁS
- [ ] AMAZONAS

B) ONDE ELE FOI ENCONTRADO?

- [ ] SERTÃO DO PIAUÍ
- [ ] SERTÃO DE PERNAMBUCO
- [ ] SERTÃO DO CEARÁ
- [ ] SERTÃO DO PARÁ

10 ONDE O GALINHO FOI PERDIDO?

☐ NO CAPIM.

☐ NO JARDIM.

11 ESTE É O GALINHO QUE FUGIU. ESCREVA NOS QUADROS O NOME DAS PARTES DO CORPO DELE.

DICA: SE NECESSÁRIO, RETOME O TEXTO DA CANTIGA.

Clarissa França/Arquivo da editora

- AGORA, PINTE O GALINHO DE ACORDO COM A CANTIGA E ESCREVA NO BALÃO COMO ELE CANTA.

12 NA CANTIGA, O QUE O GALINHO FAZ? ESCREVA ABAIXO DAS IMAGENS CORRESPONDENTES. SE PRECISAR, CONSULTE O TEXTO DA PÁGINA 144.

Ilustrações: Clarissa França/Arquivo da editora

VAMOS FALAR SOBRE...

BRINCADEIRAS E TECNOLOGIA

BRINCAR DE RODA, AMARELINHA, ESCONDE-ESCONDE, PEGA-PEGA, JOGAR PETECA E PULAR CORDA SÃO BRINCADEIRAS TRADICIONAIS QUE EXISTEM HÁ MUITO TEMPO! ANTIGAMENTE, ERA COMUM AS CRIANÇAS BRINCAREM NO QUINTAL OU NA FRENTE DE CASA COM IRMÃOS, PRIMOS E VIZINHOS.

AS CRIANÇAS SE DIVERTIAM COM BRINCADEIRAS DESSE TIPO. HOJE É MUITO COMUM O USO DE COMPUTADORES E CELULARES, E A CADA DIA SURGEM DIVERSOS JOGOS E BRINQUEDOS ELETRÔNICOS QUE ATRAEM A ATENÇÃO DAS CRIANÇAS.

- CONVERSE COM OS COLEGAS E REFLITA SOBRE ESTAS QUESTÕES.

A) VOCÊ COSTUMA PARTICIPAR DE ALGUMA BRINCADEIRA TRADICIONAL COM OUTRAS CRIANÇAS? EM CASO AFIRMATIVO, QUAL?

B) VOCÊ BRINCA COM JOGOS ELETRÔNICOS OU BRINQUEDOS TECNOLÓGICOS? COM QUE FREQUÊNCIA?

C) QUAIS SÃO AS PRINCIPAIS DIFERENÇAS ENTRE BRINCADEIRAS TRADICIONAIS E JOGOS ELETRÔNICOS? QUAL VOCÊ PREFERE E POR QUÊ?

DIVERSÃO EM PALAVRAS

1 COMPLETE O DIAGRAMA COM PALAVRAS DA CANTIGA "O MEU GALINHO". SE TIVER DÚVIDA, CONSULTE O QUADRO DE PALAVRAS.

DICA: A PRIMEIRA LETRA DE CADA PALAVRA JÁ ESTÁ ESCRITA.

ASAS	BRANCO	CRISTA	GALINHO	JARDIM	CEARÁ

Ilustrações: Clarissa França/Arquivo da editora

2 AGORA, ESCREVA AS PALAVRAS QUE VOCÊ COMPLETOU NA ATIVIDADE ANTERIOR.

....

....

3 O DESAFIO AGORA SERÁ UM DITADO MUSICADO. SIGA AS ORIENTAÇÕES.

Clarissa França/Arquivo da editora

A) VOLTE AO TEXTO "O MEU GALINHO", DA PÁGINA 144, E ACOMPANHE A CANTIGA QUE O PROFESSOR VAI APRESENTAR.

B) CADA VEZ QUE ELE PAUSAR A CANTIGA, VOCÊ DEVERÁ SUBLINHAR A ÚLTIMA PALAVRA CANTADA.

C) VOCÊ SE LEMBRA DAS PALAVRAS QUE SUBLINHOU NO TEXTO? ESCREVA ALGUMAS DESSAS PALAVRAS DE MEMÓRIA, SEM CONSULTÁ-LO.

4 VAMOS JOGAR BINGO DE PALAVRAS? SIGA AS INSTRUÇÕES.

A) DESTAQUE AS PALAVRAS DA FICHA 19 DO **MATERIAL COMPLEMENTAR**.

B) COLE CADA PALAVRA EM UM QUADRINHO DA CARTELA ABAIXO. DISTRIBUA AS PALAVRAS NA ORDEM QUE VOCÊ PREFERIR.

Banco de imagens/Arquivo da editora

C) LEIA AS PALAVRAS DA CARTELA EM VOZ ALTA. SE TIVER ALGUMA DÚVIDA, PEÇA AJUDA AO PROFESSOR.

D) O PROFESSOR VAI SORTEAR E LER EM VOZ ALTA DUAS VEZES CADA PALAVRA. LOCALIZE E CIRCULE CADA PALAVRA SORTEADA NA SUA CARTELA.

E) FIQUE ATENTO! QUANDO CIRCULAR A ÚLTIMA PALAVRA DE UMA LINHA OU COLUNA, GRITE **BINGO!**.

F) VENCE A BRINCADEIRA QUEM COMPLETAR UMA LINHA OU COLUNA DA CARTELA E GRITAR **BINGO!** PRIMEIRO. MAS É IMPORTANTE TER CIRCULADO CORRETAMENTE AS PALAVRAS SORTEADAS PELO PROFESSOR.

DESCOBERTAS SOBRE A ESCRITA

1 COMPLETE A CANTIGA COM AS PALAVRAS QUE FALTAM.

O MEU GALINHO

FAZ TRÊS NOITES QUE EU NÃO DURMO, Ô LA LÁ
POIS PERDI O MEU ____________________, Ô LA LÁ
COITADINHO, Ô LA LÁ
POBREZINHO, Ô LA LÁ
EU PERDI LÁ NO ____________________

ELE É BRANCO E ____________________, Ô LA LÁ
TEM A CRISTA VERMELHINHA, Ô LA LÁ
BATE AS ASAS, Ô LA LÁ
ABRE O BICO, Ô LA LÁ
ELE FAZ QUI-RI-QUI-QUI

JÁ RODEI O MATO GROSSO, Ô LA LÁ
AMAZONAS E ____________________, Ô LA LÁ
ENCONTREI, Ô LA LÁ
MEU GALINHO, Ô LA LÁ
NO SERTÃO DO ____________________

ENCONTREI, Ô LA LÁ
MEU GALINHO, Ô LA LÁ
NO SERTÃO DO ____________________

DA TRADIÇÃO POPULAR.

Clarissa França/Arquivo da editora

2 ORDENE AS PALAVRAS E REESCREVA ESTES VERSOS DA CANTIGA "O MEU GALINHO".

A) RODEI / MATO GROSSO, / JÁ / O / Ô LA LÁ

B) VERMELHINHA, / TEM / CRISTA / Ô LA LÁ / A

C) ASAS, / BATE / AS / Ô LA LÁ

D) O / BICO, / ABRE / Ô LA LÁ

E) PERDI / LÁ / JARDIM / EU / NO

F) QUI-RI-QUI-QUI / ELE / FAZ

Roberto Weigand/Arquivo da editora

3 AGORA, REESCREVA ESTES VERSOS NA ORDEM EM QUE APARECEM NA CANTIGA.

AMAZONAS E PARÁ, Ô LA LÁ
NO SERTÃO DO CEARÁ
ENCONTREI, Ô LA LÁ
JÁ RODEI O MATO GROSSO, Ô LA LÁ
MEU GALINHO, Ô LA LÁ

4 SEPARE COM UM TRAÇO AS PALAVRAS DESTE TRECHO DA CANTIGA.

ELEÉBRANCOEAMARELO,ÔLALÁ
TEMACRISTAVERMELHINHA,ÔLALÁ
BATEASASAS,ÔLALÁ
ABREOBICO,ÔLALÁ
ELEFAZQUI-RI-QUI-QUI

Roberto Weigand/Arquivo da editora

- AGORA, REESCREVA O TRECHO.

ENTRE LINHAS E IDEIAS

COM UM COLEGA, VOCÊ VAI ESCREVER UMA NOVA VERSÃO DA CANTIGA "O MEU GALINHO". DEPOIS, VOCÊS VÃO APRESENTAR À TURMA O TEXTO QUE ESCREVERAM.

1. PLANEJAMENTO

- PARA COMEÇAR, CONVERSEM SOBRE AS SEGUINTES QUESTÕES E ESCREVAM AS PALAVRAS QUE VÃO USAR NO TEXTO.
  - EM VEZ DO GALINHO, QUE ANIMAL FOI PERDIDO?
  - ONDE ELE FOI PERDIDO?
  - QUE CORES ESSE ANIMAL TEM? ESCREVAM AO MENOS DUAS CORES.
  - DESCREVAM UMA PARTE DO CORPO DESSE ANIMAL.
  - QUE MOVIMENTOS ESSE ANIMAL FAZ?
  - QUE SOM ESSE ANIMAL FAZ?
  - EM QUE LUGARES ELE FOI PROCURADO? ESCREVAM O NOME DE QUATRO LUGARES.

2. PRIMEIRA VERSÃO

- COMPLETEM O TEXTO E ESCREVAM UMA NOVA VERSÃO DA CANTIGA COM AS PALAVRAS QUE ESCOLHERAM NA ETAPA DE PLANEJAMENTO.

FAZ TRÊS NOITES QUE EU NÃO DURMO, Ô LA LÁ

POIS PERDI O MEU ______________________, Ô LA LÁ

COITADINHO, Ô LA LÁ

POBREZINHO, Ô LA LÁ

EU PERDI LÁ NO ______________________

ELE É .... E ...., Ô LA LÁ,

TEM A ...., Ô LA LÁ

.... AS ...., Ô LA LÁ

.... O ...., Ô LA LÁ

ELE FAZ ....

JÁ RODEI O ...., Ô LA LÁ

.... E ...., Ô LA LÁ

ENCONTREI, Ô LA LÁ

MEU ...., Ô LA LÁ

NO SERTÃO DO CEARÁ

3. REVISÃO

A) LEIAM O TEXTO EM VOZ ALTA OU CANTEM A NOVA VERSÃO DA CANTIGA. OBSERVEM E REFLITAM SOBRE ESTAS QUESTÕES:

- O SOM E O SENTIDO DAS PALAVRAS QUE ESCOLHERAM COMBINARAM COM A CANTIGA?
- VOCÊS GOSTARAM DA VERSÃO QUE CRIARAM? QUEREM MUDAR ALGUMA PALAVRA?

B) COM A AJUDA DO PROFESSOR, CONFIRAM SE VOCÊS ESCREVERAM TODAS AS PALAVRAS CORRETAMENTE.

4. VERSÃO FINAL

A) FAÇAM AS ALTERAÇÕES NECESSÁRIAS NO TEXTO.

B) LEIAM PARA OS COLEGAS O TEXTO QUE ESCREVERAM E ESCUTEM COM ATENÇÃO A LEITURA DELES.

DIVERSÃO EM PALAVRAS

1 ORGANIZE AS LETRAS E ESCREVA PALAVRAS DO TEXTO "O MEU GALINHO".

E U M ....

C O B I ....

S A A S ....

2 PINTE O TÍTULO DA CANTIGA QUE VOCÊ LEU ANTERIORMENTE.

O MEU GELINHO	O MEU GALINHO
O MEU GATINHO	A MINHA GIRAFINHA

3 SIGA O CAMINHO DAS PALAVRAS QUE TÊM AS DUAS PRIMEIRAS LETRAS IGUAIS ÀS DA PALAVRA **GALINHO**.

Adolar/Arquivo da editora

PRATICANDO A FALA E A ESCUTA

VOCÊ CONHECE A CANTIGA "PEIXE VIVO"? ELA É BASTANTE CONHECIDA E CANTADA EM VÁRIOS LUGARES DO BRASIL.

VOCÊ VAI CANTÁ-LA COM OS COLEGAS FORMANDO UM CORAL.

1. PLANEJAMENTO

A) COM TODA A TURMA, CANTE A CANTIGA "PEIXE VIVO" BATENDO PALMAS E MARCANDO O RITMO. O PROFESSOR VAI MOSTRAR COMO FAZER ISSO.

PEIXE VIVO

COMO PODE O PEIXE VIVO
VIVER FORA DA ÁGUA FRIA?
COMO PODE O PEIXE VIVO
VIVER FORA DA ÁGUA FRIA?

COMO PODEREI VIVER
COMO PODEREI VIVER
SEM A TUA, SEM A TUA,
SEM A TUA COMPANHIA.
SEM A TUA, SEM A TUA,
SEM A TUA COMPANHIA.
REFRÃO

OS PASTORES DESSA ALDEIA
JÁ ME FAZEM ZOMBARIA
OS PASTORES DESSA ALDEIA
JÁ ME FAZEM ZOMBARIA
POR ME VEREM ASSIM CHORANDO
POR ME VEREM ASSIM CHORANDO

SEM A TUA, SEM A TUA,
SEM A TUA COMPANHIA.
SEM A TUA, SEM A TUA,
SEM A TUA COMPANHIA.
REFRÃO

DA TRADIÇÃO POPULAR.

Clarissa França/Arquivo da editora

B) O QUE VOCÊ OBSERVOU? O RITMO É FRACO OU FORTE? COMENTE COM UM COLEGA.

C) PRESTE ATENÇÃO NAS REPETIÇÕES DE VERSOS DA CANTIGA.

2. ENSAIO

A) REÚNA-SE COM TRÊS COLEGAS.

- PRIMEIRO, DOIS DE VOCÊS VÃO LER UM TRECHO.
- DEPOIS, A OUTRA DUPLA VAI LER O TRECHO SEGUINTE, ALTERNADAMENTE.
- LEMBREM-SE DE QUE ALGUNS TRECHOS SÃO CANTADOS DUAS VEZES.

B) NA HORA DO REFRÃO, OS QUATRO CANTAM JUNTOS.

C) TREINEM VÁRIAS VEZES. SEMPRE QUE PRECISAREM, RELEIAM O TEXTO DA CANTIGA EM VOZ ALTA.

D) COMBINEM DE FAZER GESTOS OU ALGUM TIPO DE SOM, COMO BATER PALMAS OU ESTALAR OS DEDOS, PARA ACOMPANHAR O CANTO.

3. APRESENTAÇÃO

A) DURANTE A APRESENTAÇÃO, USEM TOM DE VOZ ADEQUADO PARA QUE TODOS POSSAM OUVIR A CANTIGA.

B) ESCUTEM COM ATENÇÃO A APRESENTAÇÃO DOS COLEGAS.

C) AO FINAL DAS APRESENTAÇÕES, VOCÊS PODEM FAZER UM ENCONTRO DE CORAIS PARA TODOS OS GRUPOS CANTAREM JUNTOS, ALTERNANDO AS VOZES DE ACORDO COM A DIVISÃO FEITA EM CADA GRUPO.

4. AVALIAÇÃO

- A APRESENTAÇÃO DO CORAL SAIU DE ACORDO COM O QUE FOI ENSAIADO?
- O QUE VOCÊS FARIAM DE DIFERENTE SE TIVESSEM QUE SE APRESENTAR NOVAMENTE PARA OS COLEGAS?

AUTOAVALIAÇÃO

COMO FOI SEU APRENDIZADO NESTA UNIDADE?
REFLITA SOBRE ESTAS PERGUNTAS.
DEPOIS, MARQUE UM **X** NA OPÇÃO QUE
MELHOR REPRESENTA SEU DESEMPENHO.

1. EU CONSIGO LER CANTIGAS?			
2. EU CONSIGO CANTAR CANTIGAS?			
3. EU IDENTIFICO RIMAS?			
4. EU SEI CRIAR RIMAS?			
5. EU SEI ORDENAR VERSOS?			
6. EU CONSIGO ESCREVER UMA VERSÃO DIFERENTE DE UMA CANTIGA CONHECIDA?			

SUGESTÕES

PARA OUVIR

- **ALEXANDRE GUERRA. CD *AS MAIS BELAS CANÇÕES INFANTIS* (DUPLO). BRASIL: AZUL MUSIC, 2012.**
  CONHEÇA ALGUMAS CANÇÕES INFANTIS EM VERSÃO INSTRUMENTAL, ISTO É, SEM AS LETRAS. SERÁ QUE VOCÊ VAI RECONHECER ALGUMA CANTIGA?

Divulgação/AZUL MUSIC

Editora Caramelo/Editora Saraiva/Arquivo da editora

PARA LER E OUVIR

- ***VAMOS BRINCAR DE RODA!*, DE PALAVRA CANTADA. SÃO PAULO: CARAMELO, 2008.**
  ESTE LIVRO TRAZ DIVERSAS CANTIGAS TRADICIONAIS BRASILEIRAS. VEM ACOMPANHADO DE UM CD COM 19 MÚSICAS.

UNIDADE

7 MUNDO DAS FÁBULAS

NESTA UNIDADE, VOCÊ VAI:

- LER E COMPREENDER FÁBULAS.
- PESQUISAR INFORMAÇÕES SOBRE UM ANIMAL.
- IDENTIFICAR AS PARTES DE UMA PALAVRA AO SER PRONUNCIADA.
- DRAMATIZAR UMA FÁBULA.
- ESCREVER UMA FÁBULA A PARTIR DE UMA SEQUÊNCIA DE IMAGENS.

OBSERVE A IMAGEM AO LADO. EM SEGUIDA, CONVERSE COM OS COLEGAS E O PROFESSOR SOBRE ESTAS QUESTÕES.

1. O QUE VOCÊ VÊ NA IMAGEM?
2. O QUE OS ANIMAIS ESTÃO FAZENDO?
3. ESSE COMPORTAMENTO É COMUM ENTRE OS ANIMAIS? EXPLIQUE SUA RESPOSTA.
4. VOCÊ CONHECE HISTÓRIAS QUE TENHAM ESSES ANIMAIS COMO PERSONAGENS PRINCIPAIS? QUAIS?
5. VOCÊ ACHARIA BOM SE OS ANIMAIS FALASSEM E FIZESSEM COISAS QUE VOCÊ FAZ?

Ilustração e fotos: Bruna Assis Brasil/Arquivo da editora

FÁBULA

1 **REÚNA-SE COM UM COLEGA E LEIAM ESTES TÍTULOS DE HISTÓRIAS.**

Ilustrações: Waldomiro Neto/Arquivo da editora

O LEÃO E O RATINHO

A CIGARRA E A FORMIGA

A RAPOSA E AS UVAS

A) AGORA, LIGUE OS TÍTULOS ÀS IMAGENS CORRESPONDENTES.

B) VOCÊ JÁ LEU UMA HISTÓRIA COM ALGUM DESSES TÍTULOS? QUAL?

2 **OS TÍTULOS QUE VOCÊ LEU SÃO DE FÁBULAS. O QUE VOCÊ SABE SOBRE ESSAS HISTÓRIAS? CONVERSE COM OS COLEGAS.**

- RELEIA OS TÍTULOS DA ATIVIDADE 1 E ESCOLHA A FRASE QUE MOSTRA UMA CARACTERÍSTICA DESSAS HISTÓRIAS.

  ☐ FÁBULAS TÊM ANIMAIS COMO PERSONAGENS.

  ☐ FÁBULAS TÊM PRÍNCIPES E PRINCESAS COMO PERSONAGENS.

3 **AGORA, DESCUBRA E ESCREVA O TÍTULO DA HISTÓRIA QUE VOCÊ VAI LER. PARA ISSO, SUBSTITUA AS IMAGENS POR PALAVRAS.**

Ilustrações: Waldomiro Neto/Arquivo da editora

A  E A  ....

- DO QUE VOCÊ ACHA QUE A HISTÓRIA VAI TRATAR? CONTE PARA OS COLEGAS.

CONHECENDO O TEXTO

ACOMPANHE A LEITURA QUE O PROFESSOR VAI FAZER DA FÁBULA A SEGUIR.

A RAPOSA E A CEGONHA

A RAPOSA CONVIDOU A CEGONHA PARA JANTAR. DISPOSTA A PREGAR UMA PEÇA NA OUTRA, SERVIU A SOPA NUM PRATO RASO. ENQUANTO A RAPOSA COMIA A VALER, A CEGONHA, COM O SEU BICO ENORME, NÃO CONSEGUIU PROVAR UMA GOTA QUE FOSSE. FICOU MORRENDO DE FOME, COM O ESTÔMAGO A RONCAR, MAS NÃO DISSE NADA.

Waldomiro Neto/Arquivo da editora

NO DIA SEGUINTE, UM POMBO-CORREIO ENTREGOU UM BILHETE PARA A RAPOSA, NO QUAL ESTAVA ESCRITO:

> RAPOSA,
> VENHA JANTAR
> EM MINHA CASA
> HOJE À NOITE.
> CEGONHA

A RAPOSA ACEITOU O CONVITE E, NA HORA MARCADA, ESTAVA CHEIA DE GENTILEZAS NA CASA DA OUTRA.

QUANDO SE SENTARAM À MESA, A RAPOSA TEVE UMA DECEPÇÃO E TANTO. O DELICIOSO ENSOPADO DE CARNE FOI SERVIDO EM JARRAS ALTAS COM **GARGALO** ESTREITO. PARA A CEGONHA BASTAVA COLOCAR O BICO, MAS A RAPOSA NÃO CONSEGUIA COMER DE JEITO NENHUM.

> **GARGALO:** PARTE MAIS FINA DE UMA GARRAFA OU DE UM FRASCO.

FOI EMBORA MUITO ANTES DO QUE PLANEJAVA, COM O RABO ENTRE AS PERNAS.

TRATE OS OUTROS DA MESMA FORMA QUE VOCÊ DESEJA SER TRATADO.

JEAN DE LA FONTAINE. *FÁBULAS DE ESOPO*. ADAPTAÇÃO DE LÚCIA TULCHINSKI. SÃO PAULO: SCIPIONE, 2008. P. 36-37.

1. O QUE VOCÊ ACHOU DA HISTÓRIA? CONTE PARA OS COLEGAS E ESCUTE A OPINIÃO DELES.

2. TUDO O QUE VOCÊ TINHA IMAGINADO ANTES DA LEITURA APARECEU NA FÁBULA?

- O QUE FOI IGUAL E O QUE FOI DIFERENTE? EXPLIQUE PARA OS COLEGAS E O PROFESSOR.

3. LIGUE A FIGURA DE CADA ANIMAL À FIGURA DO OBJETO EM QUE ELE SERVIU A COMIDA.

Ilustrações: Waldomiro Neto/Arquivo da editora

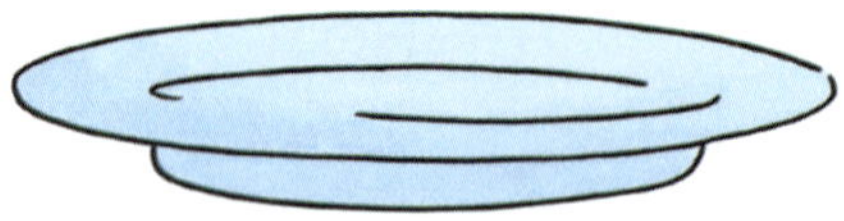

4. O QUE A RAPOSA SERVIU PARA O JANTAR? E A CEGONHA?

RAPOSA ....

CEGONHA ....

5. POR QUE A CEGONHA NÃO CONSEGUIU PROVAR A SOPA?

- [ ] PORQUE A SOPA ESTAVA MUITO QUENTE.
- [ ] PORQUE O PRATO ERA MUITO RASO.
- [ ] PORQUE ELA NÃO ESTAVA COM FOME.

6 **ALÉM DA RAPOSA E DA CEGONHA, QUE OUTRO ANIMAL APARECE NA HISTÓRIA? O QUE ELE FAZ?**

A) CONVERSE COM OS COLEGAS: POR QUE SERÁ QUE ESSE ANIMAL TEM ESSE NOME?

B) COM A AJUDA DO PROFESSOR, FAÇA UMA PESQUISA PARA CONHECER MAIS SOBRE ESSE ANIMAL E SEU NOME.

Patrícia Paulozi/Arquivo da editora

7 **O QUE A CEGONHA PRETENDIA AO MANDAR O BILHETE PARA A RAPOSA?**

DICA: VOCÊ PODE MARCAR MAIS DE UMA RESPOSTA.

- [ ] AGRADECER PELO JANTAR QUE A RAPOSA LHE OFERECEU.
- [ ] CONVIDAR A RAPOSA PARA JANTAR EM SUA CASA.
- [ ] REALIZAR UM PLANO PARA SE VINGAR DA RAPOSA.

8 **LEIA ESTA FRASE.**

A RAPOSA ESTAVA DISPOSTA A **PREGAR UMA PEÇA** NA CEGONHA.

- O QUE SIGNIFICA A EXPRESSÃO EM DESTAQUE?
  - [ ] QUE A RAPOSA QUERIA AGRADAR A CEGONHA.
  - [ ] QUE A RAPOSA QUERIA ENGANAR A CEGONHA.
  - [ ] QUE A RAPOSA QUERIA AJUDAR A CEGONHA.

9 QUANDO FOI À CASA DA CEGONHA, A RAPOSA:

ESTAVA **CHEIA DE GENTILEZAS** NA CASA DA OUTRA.

- ASSINALE A FRASE QUE MELHOR EXPLICA ESSA PARTE DO TEXTO.

- [ ] A RAPOSA TEVE UM COMPORTAMENTO APARENTEMENTE EDUCADO COM A CEGONHA.
- [ ] A RAPOSA GOSTOU DA COMIDA SERVIDA PELA CEGONHA.
- [ ] A RAPOSA ESTAVA BRAVA COM A CEGONHA.
- [ ] A RAPOSA NÃO ESTAVA COM FOME.

10 RELEIA A MENSAGEM QUE APARECE NO FIM DA FÁBULA.

TRATE OS OUTROS DA MESMA FORMA QUE VOCÊ DESEJA SER TRATADO.

- CONVERSE COM OS COLEGAS E O PROFESSOR SOBRE ESTAS QUESTÕES.

A) COMO VOCÊ ENTENDE ESSA FRASE?

B) COMO A RAPOSA DEVERIA TER TRATADO A CEGONHA?

C) VOCÊ ACHA QUE A RAPOSA APRENDEU ESSA LIÇÃO? POR QUÊ?

D) EM QUE SITUAÇÕES DO DIA A DIA VOCÊ PODE USAR ESSE ENSINAMENTO?

GERALMENTE, A FÁBULA TERMINA COM UMA FRASE PARA REFLEXÃO E ENSINAMENTO, QUE É CHAMADA DE **MORAL**.

11 QUAL AFIRMAÇÃO DESCREVE AS CARACTERÍSTICAS DA FÁBULA?

- [ ] AS HISTÓRIAS TÊM PESSOAS COMO PERSONAGENS PRINCIPAIS. ELAS GERALMENTE TERMINAM COM UM FINAL FELIZ.
- [ ] AS HISTÓRIAS TÊM ANIMAIS QUE FALAM E AGEM COMO SERES HUMANOS. ELAS GERALMENTE TERMINAM COM UMA MORAL.

REFLETINDO SOBRE A LÍNGUA

1 O PROFESSOR VAI RELER UM TRECHO DA FÁBULA “A RAPOSA E A CEGONHA”. ACOMPANHE A LEITURA E SUBSTITUA AS IMAGENS PELAS PALAVRAS.

A RAPOSA E A CEGONHA

A  ______________ CONVIDOU A  ______________ PARA JANTAR. DISPOSTA A PREGAR UMA PEÇA NA OUTRA, SERVIU A SOPA NUM  ______________ RASO. ENQUANTO A RAPOSA COMIA A VALER, A CEGONHA, COM O SEU  ______________ ENORME, NÃO CONSEGUIU PROVAR UMA  ______________ QUE FOSSE.

Ilustrações: Waldomiro Neto/Arquivo da editora

2 DAS PALAVRAS QUE VOCÊ ESCREVEU, QUAIS TÊM:

A) QUATRO LETRAS? ☐☐☐☐ 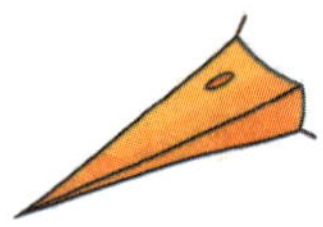

☐☐☐☐ 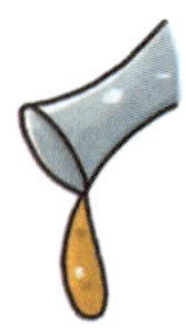

B) CINCO LETRAS? ☐☐☐☐☐ 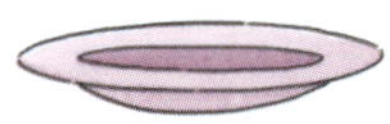

C) SEIS LETRAS? ☐☐☐☐☐☐ 

D) SETE LETRAS? ☐☐☐☐☐☐☐ 

Ilustrações: Waldomiro Neto/Arquivo da editora

3 **ESCOLHA UMA DAS PALAVRAS DO QUADRO E DIGA PARA UM COLEGA O NOME DAS LETRAS QUE A COMPÕEM. ELE DEVE CIRCULAR A PALAVRA QUE VOCÊ SOLETROU.**

GOTA	BICO	PRATO	RAPOSA	CEGONHA

A) TROQUEM OS PAPÉIS: O COLEGA DIZ O NOME DAS LETRAS DE OUTRA PALAVRA E VOCÊ A CIRCULA. FAÇAM ISSO ATÉ QUE TODAS AS PALAVRAS TENHAM SIDO SOLETRADAS.

B) AGORA, COPIE ESSAS PALAVRAS SEGUINDO A ORDEM ALFABÉTICA.

....

....

C) COMPARE SUA RESPOSTA COM A DO COLEGA PARA VER SE AS PALAVRAS FICARAM NA MESMA ORDEM.

4 **RELEIA O TÍTULO DA FÁBULA.**

ARAPOSAEACEGONHA

A) O QUE ACONTECEU COM AS PALAVRAS?

B) FAÇA UM TRAÇO COLORIDO ENTRE AS PALAVRAS PARA SEPARÁ-LAS.

C) AGORA, COPIE O TÍTULO NOS ESPAÇOS ABAIXO.

D) QUANTAS PALAVRAS FORMAM ESSE TÍTULO? ....

5 **LEIA ESTAS PALAVRAS EM VOZ ALTA E PAUSADAMENTE.**

☐ RAPOSA	☐ BILHETE	☐ ESTÔMAGO
☐ SOPA	☐ CEGONHA	☐ ENSOPADO

■ AO FALAR CADA UMA DESSAS PALAVRAS, EM QUANTAS PARTES ELAS FORAM DIVIDIDAS? ESCREVA NOS QUADRINHOS.

DIVERSÃO EM PALAVRAS

- ENCONTRE E CIRCULE ESTAS PALAVRAS NO DIAGRAMA.

GIRAFA CAMISETA MACACO PANELA CANGURU

L	P	A	K	M	A	C	A	C	O
I	A	P	H	G	T	P	M	A	W
C	N	R	B	V	O	S	D	N	Q
F	E	G	I	R	A	F	A	G	L
M	L	N	J	X	L	I	H	U	R
S	A	Q	A	I	U	D	H	R	O
X	T	W	M	C	G	A	G	U	I
A	Y	F	U	O	Q	B	A	T	F
D	C	A	M	I	S	E	T	A	X
O	A	B	H	P	K	S	Y	G	U
B	R	I	G	T	S	A	E	M	L

Ilustrações: Clarissa França/Arquivo da editora

- AGORA, COPIE O NOME DOS ANIMAIS QUE VOCÊ ENCONTROU NO DIAGRAMA.

....

CONHECENDO OUTROS TEXTOS

ACOMPANHE A LEITURA DO PROFESSOR E CONHEÇA MAIS UMA FÁBULA. QUAL SERÁ O ENSINAMENTO QUE ELA TRANSMITE?

O CORVO E O PAVÃO

O PAVÃO NÃO PERDIA A CHANCE DE SE GABAR:

— NINGUÉM TEM PENAS MAIS BELAS DO QUE EU.

A MINHA CAUDA É DE DAR INVEJA. SOU A AVE MAIS BONITA, A MAIS PERFEITA!

AO OUVIR TODO ESSE **BLÁ-BLÁ-BLÁ** DO PAVÃO PARA CIMA DA ANDORINHA, O CORVO DISSE:

— ALTO LÁ! VOCÊ PODE SER BONITO, MAS... PERFEITO NÃO É.

BLÁ-BLÁ-BLÁ: CONVERSA FIADA, SEM CONTEÚDO.

O PAVÃO ABRIU AS SUAS PENAS COMO UM LEQUE E, ENFURECIDO, SALTOU NA DIREÇÃO DO CORVO.

— E QUEM É VOCÊ, SEU PÁSSARO HORROROSO, APRENDIZ DE BRUXA, SÍMBOLO DE MAU AGOURO, PARA OUSAR ME CRITICAR?

— EU SOU UMA AVE QUE ENXERGA MUITO BEM!

— POIS NÃO PARECE... SE ENXERGASSE MUITO BEM, VERIA QUE EU SOU PERFEITO, DESLUMBRANTE, O MÁXIMO EM PENAS!

— UMA BOA PARTE DE VOCÊ ATÉ QUE PODE SER, MAS OS SEUS PÉS SÃO DE CAUSAR VERGONHA PARA TODAS AS AVES DO PLANETA!

— HÃ...?

Paulo Borges/Arquivo da editora

O PAVÃO, QUE ESTAVA ACOSTUMADO A ANDAR COM A CABEÇA EMPINADA, REPAROU PELA PRIMEIRA VEZ EM SUAS PATAS. O CORVO TINHA RAZÃO. ERAM FEIAS DE DAR DÓ. CABISBAIXO, ELE ENCOLHEU A CAUDA E FICOU DEPRIMIDO POR UM LONGO TEMPO.

NÃO HÁ BELEZA PERFEITA.

JEAN DE LA FONTAINE. *FÁBULAS DE ESOPO*. ADAPTAÇÃO DE LÚCIA TULCHINSKI. SÃO PAULO: SCIPIONE, 2008. P. 22.

1 O QUE VOCÊ ACHOU DESSA FÁBULA? CONVERSE COM OS COLEGAS.

- DE QUAL DAS DUAS FÁBULAS DESTA UNIDADE VOCÊ GOSTOU MAIS? POR QUÊ?

2 REÚNA-SE COM UM COLEGA E RELEMBREM AS FALAS DO PAVÃO E DO CORVO NA FÁBULA. DEPOIS, CONVERSEM SOBRE ESTAS QUESTÕES.

A) O PAVÃO SE SENTIA SUPERIOR ÀS OUTRAS AVES? POR QUÊ?

B) O QUE O CORVO FEZ QUANDO OUVIU O PAVÃO FALAR SOBRE A PRÓPRIA BELEZA?

C) POR QUE SOMENTE O CORVO PERCEBEU O DEFEITO DO PAVÃO?

D) POR QUE O PAVÃO AINDA NÃO TINHA NOTADO A FEIURA DOS PRÓPRIOS PÉS?

3 COM A AJUDA DO PROFESSOR, ESCREVA AS CARACTERÍSTICAS DE CADA PERSONAGEM.

CORVO

PAVÃO

4 RELEIA ESTES TRECHOS DA FÁBULA E ASSINALE O SIGNIFICADO DOS TERMOS EM DESTAQUE.

A) O PAVÃO NÃO PERDIA A CHANCE DE **SE GABAR**:

- [ ] MANDAR NOS OUTROS.
- [ ] ELOGIAR A SI MESMO.

B) **CABISBAIXO**, ELE ENCOLHEU A CAUDA E FICOU DEPRIMIDO POR UM LONGO TEMPO.

- [ ] DE TAMANHO PEQUENO.
- [ ] DE CABEÇA BAIXA.

Paulo Borges/Arquivo da editora

VAMOS FALAR SOBRE...

DIFERENTES TIPOS DE BELEZA

O PAVÃO É UMA AVE QUE CHAMA A ATENÇÃO PELA BELEZA E PELO COLORIDO DE SUAS PENAS. NA HISTÓRIA, ELE SE GABAVA POR ISSO E FICOU DEPRIMIDO QUANDO PERCEBEU QUE SEUS PÉS ERAM FEIOS.

HÁ DIFERENTES TIPOS DE BELEZA E O QUE É BONITO PARA ALGUÉM PODE SER CONSIDERADO FEIO POR OUTRA PESSOA. É IMPORTANTE VALORIZARMOS A DIVERSIDADE.

- REFLITA SOBRE ESTAS QUESTÕES E CONVERSE COM OS COLEGAS.

A) PARA VOCÊ, O QUE É SER BONITO?

B) ALÉM DAS CARACTERÍSTICAS FÍSICAS, O QUE MAIS FAZ VOCÊ ACHAR ALGUÉM BONITO?

C) VOCÊ SE ACHA UMA PESSOA BONITA? POR QUÊ?

DIVERSÃO EM PALAVRAS

1 EM QUAL PLACA ESTÃO TODAS AS LETRAS QUE FORMAM O NOME DE UMA DAS PERSONAGENS DA FÁBULA "O CORVO E O PAVÃO"? DESCUBRA E CIRCULE.

Ilustrações: Paulo Borges/ Arquivo da editora

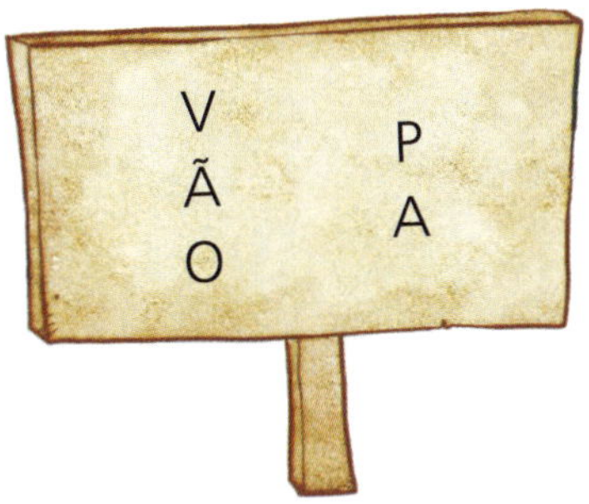

- AGORA, ESCREVA O NOME DESSE ANIMAL.

....

2 ENCONTRE E CIRCULE NO DIAGRAMA AS PALAVRAS QUE CORRESPONDEM ÀS IMAGENS.

Ilustrações: Paulo Borges/Arquivo da editora

B	P	C	O	R	V	O	M	I
D	R	E	I	Q	L	A	P	V
P	A	V	Ã	O	V	U	E	C
R	S	N	U	L	E	Q	U	E
L	E	G	A	Q	U	W	A	C
P	E	N	A	C	K	E	B	A

3 COMPLETE AS PALAVRAS COM AS PARTES QUE ESTÃO NO QUADRO. DEPOIS, ESCREVA CADA PALAVRA QUE VOCÊ FORMOU.

VE	TA	NHA	BE	CI

IN		JA		
VER	GO			
	LE	ZA		
PER	FEI			
EN	FU	RE		DO

4 COMBINE OS QUADRINHOS DA MESMA COR E ESCREVA AS PALAVRAS QUE VOCÊ FORMOU.

PLA	BE	TA	EN	NE	LHEU
EN	XER	ÇA	CA	CO	GA

Vikation/Shutterstock

PRATICANDO A FALA E A ESCUTA

VOCÊ E OS COLEGAS VÃO DRAMATIZAR UMA DAS FÁBULAS QUE LERAM NESTA UNIDADE PARA APRESENTAR PARA A TURMA. SIGAM AS ORIENTAÇÕES DO PROFESSOR.

1. **PLANEJAMENTO**

   A) FORMEM GRUPOS DE TRÊS ALUNOS.

   B) ESCOLHAM A HISTÓRIA QUE VÃO DRAMATIZAR:

   ☐ A RAPOSA E A CEGONHA. ☐ O CORVO E O PAVÃO.

   C) CONVERSEM E DECIDAM QUEM VAI REPRESENTAR CADA PERSONAGEM E QUEM SERÁ O NARRADOR.

   D) RELEMBREM TODOS OS ACONTECIMENTOS E AS FALAS DAS PERSONAGENS DA FÁBULA.

   E) DURANTE A APRESENTAÇÃO, VOCÊS PODEM USAR UMA FANTASIA OU ALGO QUE IDENTIFIQUE AS PERSONAGENS. TAMBÉM PODEM USAR OBJETOS OU ELEMENTOS PARA COMPOR O CENÁRIO. PREPAREM TODOS OS MATERIAIS QUE QUISEREM USAR.

2. **ENSAIO**

   A) COM O PROFESSOR, ESCOLHAM UM LOCAL ADEQUADO PARA ENSAIAR.

   B) QUEM FIZER O PAPEL DO NARRADOR DEVE CONTAR AS PARTES DA HISTÓRIA QUE NÃO PODEM SER REPRESENTADAS PELAS PERSONAGENS. QUEM REPRESENTAR AS PERSONAGENS DEVE PRESTAR ATENÇÃO PARA SABER QUAL É O MOMENTO DA FALA.

   - LEMBREM-SE DE QUE NÃO É PRECISO FALAR EXATAMENTE COMO ESTÁ NO TEXTO, MAS O SENTIDO DEVE SER O MESMO.

   C) ENSAIEM AS FALAS PENSANDO NA VOZ QUE VÃO USAR PARA O NARRADOR E PARA CADA PERSONAGEM.

   D) ENSAIEM TAMBÉM OS GESTOS E MOVIMENTOS DAS PERSONAGENS. PENSEM NA POSIÇÃO QUE CADA UM VAI OCUPAR NO LUGAR ONDE ACONTECERÁ A APRESENTAÇÃO.

   E) POR FIM, REALIZEM UM ENSAIO GERAL, OBSERVANDO TODOS OS DETALHES COMBINADOS. FAÇAM AS ALTERAÇÕES NECESSÁRIAS.

3. APRESENTAÇÃO

A) O NARRADOR DEVE SER O PRIMEIRO A ENTRAR EM CENA. ELE CUMPRIMENTA A PLATEIA E APRESENTA AO PÚBLICO A FÁBULA QUE SERÁ ENCENADA.

B) AS PERSONAGENS ENTRAM EM CENA E SE POSICIONAM NO LUGAR COMBINADO.

C) FALEM COM CLAREZA E USEM UM TOM DE VOZ ADEQUADO PARA QUE TODOS POSSAM OUVIR.

D) FAÇAM A DRAMATIZAÇÃO DA FÁBULA DA MANEIRA QUE VOCÊS ENSAIARAM, PRESTANDO ATENÇÃO AOS MOVIMENTOS CORPORAIS E AO MOMENTO DE CADA UM FALAR.

E) ASSISTAM COM ATENÇÃO À APRESENTAÇÃO DOS OUTROS GRUPOS E FAÇAM SILÊNCIO.

Clarissa França/Arquivo da editora

4. AVALIAÇÃO

- CONVERSE SOBRE AS APRESENTAÇÕES COM OS COLEGAS E O PROFESSOR.

- COMO VOCÊ SE SENTIU AO ENCENAR UMA HISTÓRIA PARA TODA A TURMA? TEVE ALGUMA DIFICULDADE?
- A APRESENTAÇÃO ACONTECEU COMO O GRUPO HAVIA PLANEJADO? POR QUÊ?
- EM UMA PRÓXIMA APRESENTAÇÃO, VOCÊ FARIA ALGO DIFERENTE? SE SIM, O QUÊ?
- VOCÊ PRESTOU ATENÇÃO NA APRESENTAÇÃO DOS COLEGAS? O QUE MAIS CHAMOU SUA ATENÇÃO NA APRESENTAÇÃO DELES?

ENTRE LINHAS E IDEIAS

VOCÊ VAI ESCREVER UMA FÁBULA COM BASE EM UMA SEQUÊNCIA DE IMAGENS. DEPOIS, PODERÁ MOSTRAR O TEXTO QUE ESCREVEU PARA AS PESSOAS QUE MORAM COM VOCÊ. SIGA AS ORIENTAÇÕES DO PROFESSOR.

1. **PLANEJAMENTO**

   A) OBSERVE COM ATENÇÃO CADA UMA DAS IMAGENS A SEGUIR E PENSE NA HISTÓRIA QUE ESTÁ SENDO CONTADA.

Ilustrações: Biry Sarkis/Arquivo da editora

Ilustrações: Biry Sarkis/Arquivo da editora

Ilustrações: Biry Sarkis/Arquivo da editora

B) REFLITA SOBRE QUAL SERIA A MORAL DESSA FÁBULA E CONVERSE COM OS COLEGAS E O PROFESSOR.

2. PRIMEIRA VERSÃO

- AO LADO DE CADA IMAGEM, ESCREVA O QUE ESTÁ ACONTECENDO NA CENA. SE PRECISAR, PEÇA AJUDA AO PROFESSOR.
  - PRESTE BASTANTE ATENÇÃO AOS DETALHES PARA QUE NÃO DEIXE DE CONTAR ALGO QUE SEJA IMPORTANTE.

3. REVISÃO

A) JUNTE-SE A UM COLEGA E TROQUEM DE LIVROS. ENQUANTO ELE LÊ SEU TEXTO, VOCÊ LÊ O DELE.

B) DURANTE A LEITURA, PENSE NAS SEGUINTES QUESTÕES.

- O TEXTO PARECE CONTAR A MESMA HISTÓRIA QUE AS IMAGENS?
- ESTÁ FALTANDO ALGUM ACONTECIMENTO IMPORTANTE?

C) SE NECESSÁRIO, FAÇA SUGESTÕES PARA O COLEGA ALTERAR O TEXTO DELE E ESCUTE COM ATENÇÃO AS SUGESTÕES QUE ELE FIZER SOBRE O SEU TEXTO.

Clarissa França/Arquivo da editora

4. VERSÃO FINAL

A) FAÇA AS CORREÇÕES NECESSÁRIAS NO SEU TEXTO.

B) O PROFESSOR VAI VERIFICAR SE VOCÊ ESCREVEU AS PALAVRAS CORRETAMENTE E AJUDÁ-LO NA FINALIZAÇÃO DO TEXTO.

AUTOAVALIAÇÃO

COMO FOI SEU APRENDIZADO NESTA UNIDADE?
REFLITA SOBRE ESTAS PERGUNTAS.
DEPOIS, MARQUE UM **X** NA OPÇÃO QUE MELHOR REPRESENTA SEU DESEMPENHO.

1. EU CONSIGO LER E COMPREENDER FÁBULAS?			
2. EU SEI COMO PESQUISAR INFORMAÇÕES SOBRE UM ANIMAL?			
3. AO FALAR UMA PALAVRA, EU CONSIGO IDENTIFICAR EM QUANTAS PARTES ELA É DIVIDIDA?			
4. EU CONSIGO DRAMATIZAR UMA FÁBULA?			
5. EU CONSIGO ESCREVER UMA FÁBULA COM BASE EM UMA SEQUÊNCIA DE IMAGENS?			

SUGESTÕES

PARA LER

Editora Ática/Arquivo da Editora
Editora Ática/Arquivo da Editora

- *FÁBULAS 1 E 2*, DE MARY FRANÇA. SÃO PAULO: ÁTICA, 1993.
  A AUTORA COLETOU AS MAIS BELAS FÁBULAS DE ESOPO E DE LA FONTAINE E AS RECONTOU NESTA COLEÇÃO DE DOIS VOLUMES.

Editora Formato/Editora Saraiva/Arquivo da editora

- *O AMIGO URSO*, DE MERY WEISS. SÃO PAULO: FORMATO, 2014.
  O QUE FAZER AO ENCONTRAR UM URSO NA FLORESTA? ESTE LIVRO TRAZ UMA ADAPTAÇÃO DA FÁBULA "OS VIAJANTES E O URSO", DE ESOPO, HISTÓRIA DE DOIS AMIGOS QUE VIVEM ESSA AVENTURA.

CONECTANDO SABERES

CUIDADOS COM OS ANIMAIS

ADOTAR UM BICHINHO DE ESTIMAÇÃO SIGNIFICA ASSUMIR RESPONSABILIDADES COM OUTRO SER VIVO. VOCÊ JÁ PENSOU NISSO?

LEIA A SEGUIR ALGUNS CUIDADOS QUE DEVEMOS TER COM OS ANIMAIS.

Ilustrações: Biry Sarkis/Arquivo da editora

AS REFEIÇÕES DEVEM SER EM HORÁRIOS E QUANTIDADES ADEQUADOS. OS PRATOS PRECISAM SER LIMPOS E A COMIDA, DE QUALIDADE.

OS CUIDADOS COM A SAÚDE DOS BICHINHOS ENVOLVEM CONSULTAS COM O VETERINÁRIO E VACINAÇÃO.

NEM TODOS OS ANIMAIS GOSTAM DE FAZER AS MESMAS COISAS. GATOS, POR EXEMPLO, NÃO PRECISAM DE TANTOS BANHOS QUANTO CACHORROS. POR ISSO, É IMPORTANTE SE INFORMAR SOBRE CADA BICHINHO.

MUITAS PESSOAS TÊM ANIMAIS DE ESTIMAÇÃO. AFINAL, ELES FAZEM COMPANHIA AOS SERES HUMANOS, OFERECEM CARINHO, AJUDAM NA DIVERSÃO... MAS, COMO A IMAGEM MOSTRA, É NECESSÁRIO CUIDAR MUITO BEM DELES!

A HIGIENE É MUITO IMPORTANTE! MANTER LIMPA A ÁREA ONDE OS BICHOS URINAM E DEFECAM AJUDA A MANTÊ-LOS SAUDÁVEIS.

Ilustrações: Biry Sarkis/Arquivo da editora

ANIMAIS PRECISAM DE ESPAÇOS ADEQUADOS ONDE POSSAM FICAR E BRINCAR.

ÀS VEZES OS BICHINHOS PODEM SOFRER COM O CLIMA. QUANDO FIZER MUITO CALOR OU FRIO, POR EXEMPLO, TALVEZ PRECISEM DE ÁGUA FRESCA OU DE UM LUGAR MAIS QUENTINHO PARA DORMIR.

ASSIM COMO AS PESSOAS, OS ANIMAIS GOSTAM DE CARINHO E DE BRINCADEIRAS.

1 FAÇA UMA PESQUISA COM OS COLEGAS E ASSINALE OS ANIMAIS QUE ELES TÊM OU GOSTARIAM DE TER.

ANIMAIS QUE OS COLEGAS TÊM OU GOSTARIAM DE TER

NOME				OUTROS

Ilustrações: Patricia Paulozi/Arquivo da editora

■ COMPARTILHE SUA PESQUISA COM OS COLEGAS E VEJA O RESULTADO DA PESQUISA DELES. QUE ANIMAIS A MAIORIA DOS COLEGAS TEM?

2 AGORA, ENTREVISTE OS MESMOS COLEGAS DA ATIVIDADE ANTERIOR SOBRE OS CUIDADOS QUE ELES TÊM OU TERIAM COM SEUS ANIMAIS.

CUIDADOS COM OS ANIMAIS

NOME	ALIMENTAR	DAR BANHO	DAR CARINHO	LIMPAR A SUJEIRA

■ VOCÊ CONSIDERA ESSES CUIDADOS IGUALMENTE IMPORTANTES? POR QUÊ? CONVERSE COM OS COLEGAS.

3 VOCÊ TEM CUIDADO COM OS BICHOS? COMO VOCÊ TRATA OS ANIMAIS COM QUE CONVIVE OU QUE ENCONTRA NOS LUGARES?

4 O ABANDONO DE ANIMAIS É UMA PRÁTICA COMUM. COMO ESSE PROBLEMA PODERIA SER EVITADO? CONVERSE COM OS COLEGAS E PENSEM EM POSSÍVEIS SOLUÇÕES.

A) COM OS COLEGAS, CRIEM FRASES PARA CONSCIENTIZAR AS PESSOAS CONTRA O ABANDONO DE ANIMAIS.

B) COM A AJUDA DO PROFESSOR, PENSEM EM COMO PODEM DIVULGAR ESSAS FRASES PELA ESCOLA.

REFLEXÃO

MESMO QUE VOCÊ NÃO TENHA UM ANIMAL DE ESTIMAÇÃO, PROVAVELMENTE CONHECE PESSOAS QUE TÊM BICHINHOS. QUANDO FOR VISITÁ-LAS, APROVEITE PARA APRENDER MAIS SOBRE ESSES ANIMAIS.

MAS LEMBRE-SE: ANTES DE BRINCAR COM O ANIMAL, CONVERSE COM O DONO DELE. ASSIM, NEM VOCÊ NEM O BICHINHO SE MACHUCAM.

asiseeit/Getty Images

UNIDADE

8 CONTE OUTRA VEZ!

NESTA UNIDADE, VOCÊ VAI:

- LER E COMPREENDER UM CONTO ACUMULATIVO.
- ESCREVER PERGUNTAS USANDO O PONTO DE INTERROGAÇÃO.
- ESCREVER PALAVRAS INICIADAS COM A LETRA **G**.
- DISTINGUIR PALAVRAS COM SOM PARECIDO.
- CONTAR UM FINAL DIFERENTE PARA UMA HISTÓRIA CONHECIDA.
- ESCREVER UMA NOVA VERSÃO PARA UMA HISTÓRIA CONHECIDA.

OBSERVE A IMAGEM AO LADO E CONVERSE COM OS COLEGAS SOBRE AS QUESTÕES A SEGUIR.

1. O QUE VOCÊ VÊ NA IMAGEM?
2. COMO OS ELEMENTOS DA IMAGEM ESTÃO ORGANIZADOS?
3. SE VOCÊ FOSSE ACRESCENTAR UM ELEMENTO A ESTA IMAGEM, QUAL SERIA? EM QUE LUGAR?
4. ESTA CENA REMETE A UMA CANTIGA DA TRADIÇÃO POPULAR. VOCÊ SABE QUAL É? SE SOUBER, CANTE UM TRECHO PARA OS COLEGAS.

PARTICIPE DO **TRABALHO EM EQUIPE** NO FINAL DA UNIDADE!

Bruna Assis Brasil/Arquivo da editora

CONTO ACUMULATIVO

1 LEIA O TÍTULO DA HISTÓRIA QUE VOCÊ VAI CONHECER NESTA UNIDADE.

O CÉU ESTÁ CAINDO!

A) O QUE É COMUM CAIR DO CÉU?

Ilustrações: Adolar/Arquivo da editora

B) EM QUE SITUAÇÃO COSTUMAMOS DIZER QUE O CÉU ESTÁ CAINDO?

C) PENSANDO NO TÍTULO, QUAIS DESTAS PALAVRAS VOCÊ ACHA QUE PODE ENCONTRAR NO TEXTO? CIRCULE-AS.

RAPOSA	CARRO	GALINHA	CHUVA
AVIÃO	MILHO	PERU	PINTINHO

- QUE OUTRAS PALAVRAS VOCÊ ACHA QUE PODE ENCONTRAR NO TEXTO? CONTE AOS COLEGAS.

2 A FOTOGRAFIA AO LADO MOSTRA UMA ÁRVORE CHAMADA **JABUTICABEIRA**. ESSA É UMA DAS PALAVRAS QUE VOCÊ VAI ENCONTRAR NO TEXTO.

- LEIA AS PALAVRAS A SEGUIR E CIRCULE O NOME DO FRUTO DA JABUTICABEIRA.

GOIABA	PITANGA	JABUTICABA

CHANG JO-YI/Shutterstock

TRONCO DE JABUTICABEIRA.

CONHECENDO O TEXTO

ACOMPANHE A LEITURA DO PROFESSOR E CONHEÇA ESTA HISTÓRIA.

O CÉU ESTÁ CAINDO!

Clarissa França/Arquivo da editora

ERA UMA VEZ UMA GALINHA QUE ANDAVA CISCANDO EMBAIXO DE UMA JABUTICABEIRA, QUANDO UMA JABUTICABINHA SECA CAIU BEM EM CIMA DA SUA CABEÇA. A GALINHA ASSUSTOU-SE E PENSOU: "MEU DEUS! O CÉU ESTÁ CAINDO!". E SAIU CORRENDO, **ESPAVORIDA**.

NO CAMINHO, ENCONTROU-SE COM O PATO E PÔS-SE A CACAREJAR:

— CORRA, PATO, VAMOS NOS PROTEGER, QUE O CÉU ESTÁ CAINDO!

— QUEM LHE DISSE ISSO?

— UM PEDACINHO DO CÉU CAIU BEM NO MEU COCURUTO.

O PATO, AMEDRONTADO, SEGUIU A GALINHA.

LOGO À FRENTE, ESTAVA O PINTINHO.

— VENHA CONOSCO, PINTINHO — **GRASNOU** O PATO —, POIS O CÉU ESTÁ CAINDO!

— QUEM LHE DISSE ISSO?

— QUEM ME DISSE FOI A GALINHA, QUE SENTIU UM PEDACINHO DO CÉU CAIR BEM NO SEU COCURUTO.

O PINTINHO ACHOU MELHOR IR COM ELES. CORRERAM MAIS UM POUCO E ESBARRARAM NO PERU.

— VAMOS FUGIR, PERU, QUE O CÉU ESTÁ CAINDO! — PIOU O PINTINHO.

— QUEM LHE DISSE ISSO?

— QUEM ME DISSE FOI O PATO, QUE OUVIU DA GALINHA, QUE SENTIU UM PEDACINHO DO CÉU CAIR BEM NO SEU COCURUTO.

O PERU, ALARMADO, FOI LOGO SE JUNTANDO À TURMA.

IAM NAQUELE **ALARIDO**, CACAREJANDO, GRASNANDO, PIANDO E GRUGULEJANDO, QUANDO ENCONTRARAM A RAPOSA.

ESPAVORIDO: COM MUITO MEDO, APAVORADO.
GRASNAR: EMITIR SOM OU VOZ CARACTERÍSTICOS DO PATO E DE ALGUMAS OUTRAS AVES.
ALARIDO: SOM DE MUITAS VOZES DIFERENTES AO MESMO TEMPO, GRITARIA.

— ESPEREM! AONDE VÃO COM TANTA PRESSA?

— ESTAMOS PROCURANDO UM ABRIGO, POIS O CÉU ESTÁ CAINDO! FOI A VEZ DE O PERU **GRUGULEJAR**.

Clarissa França/Arquivo da editora

— QUEM LHE DISSE ISSO?

— QUEM ME DISSE FOI O PINTINHO, QUE OUVIU DO PATO, QUE OUVIU DA GALINHA, QUE SENTIU UM PEDACINHO DO CÉU CAIR BEM NO SEU COCURUTO.

GRUGULEJAR: EMITIR SOM OU VOZ CARACTERÍSTICOS DO PERU.
REGOUGAR: EMITIR SOM OU VOZ CARACTERÍSTICOS DA RAPOSA.

— UM PEDACINHO DO CÉU? — **REGOUGOU** A ESPERTA RAPOSA. ISSO É MESMO PERIGOSO! MAS EU SEI DE UM LUGAR ONDE PODEREMOS FICAR TODOS PROTEGIDOS. VENHAM COMIGO, SIGAM-ME!

E AS TOLAS AVES SEGUIRAM A RAPOSA PARA A SUA TOCA. O CÉU NÃO CAIU; QUEM CAIU FOI A RAPOSA, EM CIMA DELAS, DEVORANDO-AS UMA POR UMA.

ROSANE PAMPLONA. *ERA UMA VEZ... TRÊS!*: HISTÓRIAS DE ENROLAR... SÃO PAULO: MODERNA, 2005. P. 24-27.

Reprodução/Acervo particular

ROSANE PAMPLONA NASCEU EM SÃO PAULO, EM 1954. É PROFESSORA, CONTADORA DE HISTÓRIAS E ESCRITORA. ENTRE OS DIVERSOS LIVROS QUE ESCREVEU PARA CRIANÇAS DESTACA-SE *ERA UMA VEZ... TRÊS!*

1. O QUE A GALINHA ESTAVA FAZENDO EMBAIXO DA JABUTICABEIRA?

- [ ] PESCANDO
- [ ] CISCANDO
- [ ] CAÇANDO
- [ ] DORMINDO

2. CIRCULE A IMAGEM QUE MOSTRA O QUE ASSUSTOU A GALINHA ENQUANTO ELA CISCAVA.

Ilustrações: Clarissa França/Arquivo da editora

3. RELEIA ESTA FALA DA GALINHA.

— UM PEDACINHO DO CÉU CAIU BEM NO MEU COCURUTO.

- O QUE QUER DIZER **COCURUTO**? CONVERSE COM OS COLEGAS.

4. REÚNA-SE COM UM COLEGA E RESPONDAM ORALMENTE ÀS PERGUNTAS A SEGUIR.

A) POR QUE OS ANIMAIS SEGUIRAM A GALINHA?

B) QUAL FOI O ÚLTIMO ANIMAL QUE AS AVES ENCONTRARAM?

C) QUAL FOI A PROPOSTA DA RAPOSA?

D) DENTRO DA TOCA, O QUE A RAPOSA FEZ?

5 ESCREVA O NOME DOS ANIMAIS QUE SEGUIRAM A GALINHA.

Ilustrações: Roberto Weigand/ Arquivo da editora

....

6 QUE SOM CADA ANIMAL EMITE? LIGUE AS COLUNAS.

GALINHA CACAREJANDO	PIU, PIU, PIU!
PATO GRASNANDO	GLU, GLU, GLU!
PINTINHO PIANDO	CÓ, CÓ, CÓ!
PERU GRUGULEJANDO	QUAC, QUAC, QUAC!

7 O TEXTO "O CÉU ESTÁ CAINDO!" É CHAMADO DE **CONTO ACUMULATIVO**. POR QUE VOCÊ ACHA QUE ELE RECEBE ESSE NOME? CONVERSE COM OS COLEGAS E O PROFESSOR.

- VOCÊ CONHECE OUTRAS HISTÓRIAS PARECIDAS COM ESSA? QUAIS? CONTE AOS COLEGAS.

REFLETINDO SOBRE A LÍNGUA

1 NA HISTÓRIA "O CÉU ESTÁ CAINDO!", HÁ UMA PERGUNTA QUE SE REPETE. COM A AJUDA DO PROFESSOR, COPIE DO TEXTO ESSA PERGUNTA.

PERGUNTA

2 NA ESCRITA, USAMOS ESTE SINAL DE PONTUAÇÃO PARA INDICAR PERGUNTAS: ? .

- AGORA, OBSERVE A PERGUNTA QUE VOCÊ ESCREVEU NA ATIVIDADE 1 E PINTE ESSE SINAL.

3 COM UM COLEGA, ESCREVA PERGUNTAS PARA ESTAS RESPOSTAS.

A) ....

MEU NOME É TALITA.

B) ....

EU TENHO 6 ANOS.

C) ....

EU MORO PERTO DA ESCOLA.

D) ....

EU GOSTO DE COLECIONAR FIGURINHAS.

E) ....

EU GOSTO DE PASSEAR NO PARQUE.

DESCOBERTAS SOBRE A ESCRITA

1 O NOME DESTAS AVES COMEÇA COM A MESMA LETRA DE **GALINHA**.

Thinkstock/Getty Images

Thinkstock/Getty Images

Thinkstock/Getty Images

Lacz, Gerard/Animals Animals/Keystone

A) QUE LETRA É ESSA?

B) COM UM COLEGA, ESCREVA O NOME DESSAS AVES.

2 **LEIA AS PALAVRAS A SEGUIR. REESCREVA CADA UMA DELAS COM A LETRA G NO INÍCIO E FORME NOVAS PALAVRAS.**

EMA ....

ALHO ....

RATO ....

LOBO ....

3 **QUE PALAVRAS ESTÃO ESCONDIDAS NAS PALAVRAS ABAIXO?**

GALINHA ....

INTELIGENTE ....

4 **ESCREVA SEU NOME E OBSERVE AS LETRAS QUE O COMPÕEM.**

....

- ALGUMA LETRA DO SEU NOME É TAMBÉM A LETRA INICIAL DO NOME DE UM ANIMAL? QUAL?

....

DIVERSÃO EM PALAVRAS

1 DESCUBRA NOVAS PALAVRAS JUNTANDO AS LETRAS E AS IMAGENS.

PI + 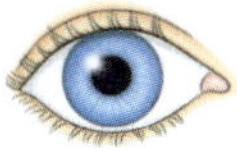

MA + 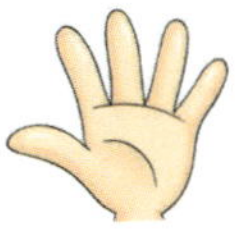

ES + 

 + 

Ilustrações: Adolar/Arquivo da editora

2 QUE CAMINHO A GALINHA DEVE PERCORRER COM SUAS AMIGAS AVES PARA ESCAPAR DO CÉU QUE ESTÁ CAINDO?

A) ELAS SÓ VÃO CONSEGUIR SE VOCÊ E OS COLEGAS RECITAREM EM VOZ ALTA A SEQUÊNCIA DE LETRAS DO ALFABETO.

B) AGORA, TRACE O CAMINHO EM QUE AS LETRAS ESTÃO NA ORDEM ALFABÉTICA PARA QUE AS AVES CONSIGAM ESCAPAR.

Clarissa França/Arquivo da editora

3 **COMPLETE AS FRASES DE ACORDO COM O TEXTO "O CÉU ESTÁ CAINDO!", DA PÁGINA 189.**

A) UMA ______________ ANDAVA CISCANDO EMBAIXO DE UMA JABUTICABEIRA.

B) UMA JABUTICABINHA SECA CAIU BEM EM CIMA DA SUA

______________.

C) O PRIMEIRO ANIMAL QUE A GALINHA ENCONTROU PELO CAMINHO FOI O

______________.

D) A GALINHA E O PATO ENCONTRARAM O ______________.

E) A ______________ DEVOROU TODOS OS ANIMAIS.

4 **COMPLETE A CRUZADINHA COM AS PALAVRAS QUE VOCÊ ESCREVEU NA ATIVIDADE 3.**

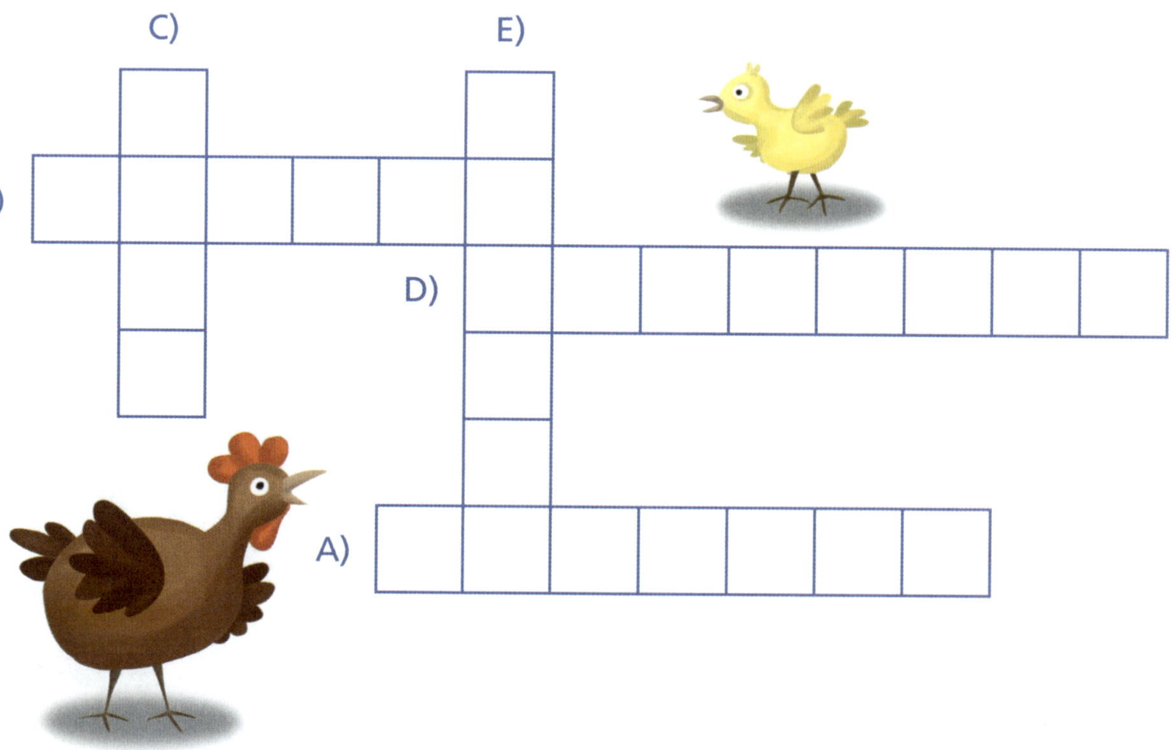

Ilustrações: Roberto Weigand/Arquivo da editora

DESCOBERTAS SOBRE A ESCRITA

1 **ESCOLHA A PALAVRA PARA COMPLETAR CADA FRASE CORRETAMENTE.**

A) ERA UMA .... UMA GALINHA QUE CISCAVA. VEZ/FEZ

B) NO CAMINHO, ENCONTROU-SE COM UM .... BATO/PATO

C) O .... CANTAVA DE MANHÃ BEM CEDINHO. GALO/CALO

D) O .... DA RAPOSA É GRANDE. PENTE/DENTE

2 **ENCONTRE PALAVRAS ESCONDIDAS DENTRO DE OUTRAS PALAVRAS. VEJA O QUADRO.**

PRIMAVERA – PRIMA RIMA AVE VERA ERA

CHOCOLATE ....

CRIATIVIDADE ....

QUEIMADURA ....

VAMOS FALAR SOBRE...

PERIGOS E CUIDADOS DO DIA A DIA

NO CONTO QUE VOCÊ LEU, AS AVES FORAM ENGANADAS PELA RAPOSA E ACABARAM SENDO DEVORADAS POR ELA.

PARA NÃO SE COLOCAR EM SITUAÇÕES DE RISCO, É PRECISO TOMAR ALGUNS CUIDADOS: NÃO CONVERSAR NEM ACEITAR PRESENTES DE ESTRANHOS; SAIR SEMPRE ACOMPANHADO DE UM ADULTO RESPONSÁVEL, ENTRE OUTRAS PRECAUÇÕES.

- CONVERSE COM OS COLEGAS SOBRE AS QUESTÕES A SEGUIR.

  A) VOCÊ SABE DE ALGUÉM QUE TENHA VIVIDO UMA SITUAÇÃO PERIGOSA?

  B) QUE CUIDADOS VOCÊ COSTUMA TOMAR PARA EVITAR PERIGOS?

PRATICANDO A FALA E A ESCUTA

VOCÊ E OS COLEGAS VÃO IMAGINAR UM FINAL DIFERENTE PARA O CONTO ACUMULATIVO "O CÉU ESTÁ CAINDO!", DA PÁGINA 189. SIGAM AS ORIENTAÇÕES DO PROFESSOR.

1. PLANEJAMENTO

A) RELEMBRE O FINAL DO CONTO. ACOMPANHE A LEITURA DO PROFESSOR.

> — UM PEDACINHO DO CÉU? — REGOUGOU A ESPERTA RAPOSA. ISSO É MESMO PERIGOSO! MAS EU SEI DE UM LUGAR ONDE PODEREMOS FICAR TODOS PROTEGIDOS. VENHAM COMIGO, SIGAM-ME!
>
> E AS TOLAS AVES SEGUIRAM A RAPOSA PARA A SUA TOCA. **O CÉU NÃO CAIU; QUEM CAIU FOI A RAPOSA, EM CIMA DELAS, DEVORANDO-AS UMA POR UMA**.

Clarissa França/Arquivo da editora

- O TRECHO DESTACADO É A PARTE QUE VOCÊS VÃO MUDAR.

B) O PROFESSOR VAI ORGANIZAR A TURMA EM GRUPOS PARA VOCÊS IMAGINAREM UM FINAL DIFERENTE PARA CADA UMA DAS AVES DEPOIS QUE ELAS ENTRARAM NA TOCA DA RAPOSA.

C) IMAGINEM QUE, EM VEZ DE SEREM DEVORADAS, ELAS CONSEGUIRAM SE SALVAR. CADA GRUPO FICARÁ RESPONSÁVEL POR PENSAR COMO UMA DAS AVES CONSEGUIU ESCAPAR DO ATAQUE DA RAPOSA.

D) APRESENTE SUAS IDEIAS PARA OS COLEGAS DO GRUPO E ESCUTE COM ATENÇÃO O QUE ELES IMAGINARAM.

E) CONVERSEM E DECIDAM JUNTOS COMO SERÁ O NOVO FINAL DA HISTÓRIA. USEM A CRIATIVIDADE E PENSEM EM TODOS OS DETALHES DA HISTÓRIA.

2. ENSAIO

A) CADA GRUPO VAI APRESENTAR PARA A TURMA O NOVO FINAL QUE IMAGINOU.

B) ORGANIZEM A APRESENTAÇÃO DE VOCÊS E PENSEM NO QUE CADA ALUNO VAI FALAR.

- SE HOUVER DIÁLOGOS NA CENA QUE IMAGINARAM, ESCOLHAM QUEM VAI FAZER AS FALAS DAS PERSONAGENS.

3. APRESENTAÇÃO

Biry Sarkis/Arquivo da editora

A) USE UM TOM DE VOZ ADEQUADO PARA QUE TODOS POSSAM OUVIR.

B) OLHE PARA OS COLEGAS ENQUANTO FALA.

C) OUÇA OS COLEGAS EM SILÊNCIO E COM ATENÇÃO.

4. AVALIAÇÃO

- EM UMA RODA DE CONVERSA, AVALIE COMO FORAM AS APRESENTAÇÕES DOS GRUPOS E TAMBÉM A SUA.

- O QUE VOCÊ ACHOU DO FINAL QUE OS GRUPOS IMAGINARAM PARA AS AVES?
- DE QUAL APRESENTAÇÃO VOCÊ GOSTOU MAIS? POR QUÊ?
- VOCÊ PARTICIPOU DE ALGUMA FORMA DA APRESENTAÇÃO? COMO?
- SUA PARTICIPAÇÃO FOI COMO VOCÊ HAVIA PLANEJADO? POR QUÊ?
- VOCÊ PRESTOU ATENÇÃO NA APRESENTAÇÃO DOS OUTROS GRUPOS?
- O QUE VOCÊ FARIA DIFERENTE NA SUA APRESENTAÇÃO? POR QUÊ?

DIVERSÃO EM PALAVRAS

- OBSERVE ESTAS IMAGENS. VOCÊ SABE O NOME DESTAS AVES? ENCONTRE-OS E CIRCULE-OS NO DIAGRAMA.

A	R	A	R	A	B	E	O	A	Ç
K	T	I	L	O	R	N	I	C	H
C	O	R	U	J	A	T	W	O	L
Z	E	F	B	T	U	C	A	N	O
P	O	M	B	A	F	A	U	D	Y
Q	S	X	S	I	P	I	L	M	L
P	A	P	A	G	A	I	O	T	H
W	L	M	O	P	S	D	Y	R	V

Fotos: Thinkstock/Getty Images

A) ESCREVA O NOME DAS AVES QUE VOCÊ ENCONTROU NO DIAGRAMA.

B) AGORA, ESCREVA O NOME DE OUTRAS AVES QUE VOCÊ CONHECE.

ENTRE LINHAS E IDEIAS

COM A AJUDA DO PROFESSOR, VOCÊ E OS COLEGAS VÃO ESCREVER UMA NOVA VERSÃO DO CONTO ACUMULATIVO "O CÉU ESTÁ CAINDO!". AO FINAL, O PROFESSOR VAI LER PARA A TURMA A HISTÓRIA QUE VOCÊS CRIARAM.

SIGAM AS ORIENTAÇÕES ABAIXO E BOM TRABALHO!

1. PLANEJAMENTO

A) RELEMBREM O COMEÇO DO CONTO.

> ERA UMA VEZ UMA GALINHA QUE ANDAVA CISCANDO EMBAIXO DE UMA JABUTICABEIRA, QUANDO UMA JABUTICABINHA SECA CAIU BEM EM CIMA DA SUA CABEÇA. A GALINHA ASSUSTOU-SE E PENSOU: "MEU DEUS! O CÉU ESTÁ CAINDO!". E SAIU CORRENDO, ESPAVORIDA.

Clarissa França/Arquivo da editora

B) IMAGINEM QUE NÃO FOI UMA GALINHA QUE FICOU DESESPERADA QUANDO UMA JABUTICABA CAIU EM CIMA DE SUA CABEÇA, MAS OUTRO ANIMAL.

- QUE ANIMAL TERIA SIDO? ESCOLHAM EM CONJUNTO.

C) USEM A IMAGINAÇÃO E PENSEM TAMBÉM EM OUTROS BICHOS PARA SUBSTITUIR O PATO, O PINTINHO E O PERU.

- NÃO SE ESQUEÇAM DE PENSAR EM UM ANIMAL FEROZ PARA OCUPAR O LUGAR DA RAPOSA.

D) IMAGINEM O SOM QUE ESSES ANIMAIS FAZEM E QUE PALAVRAS VOCÊS PODEM USAR PARA INDICAR QUE ELES ESTÃO EMITINDO ESSE SOM. POR EXEMPLO:

- GATO – MIAR.
- CACHORRO – LATIR.
- LEÃO – RUGIR.
- LOBO – UIVAR.
- CAVALO – RELINCHAR.
- PÁSSARO – PIAR.

2. PRIMEIRA VERSÃO

A) O PROFESSOR VAI ESCREVER A NOVA VERSÃO DO CONTO NA LOUSA. VOCÊ E OS COLEGAS VÃO DITAR PARA ELE AS PALAVRAS QUE DEVEM SER ESCRITAS.

B) SIGAM A MESMA SEQUÊNCIA DO CONTO ORIGINAL, ALTERANDO APENAS AS PERSONAGENS E AS PALAVRAS QUE INDICAM O SOM PRODUZIDO PELOS ANIMAIS.

C) SE QUISEREM, MUDEM OUTRAS PALAVRAS DO CONTO. ASSIM VOCÊS PODERÃO CONTAR A HISTÓRIA DE OUTRO JEITO.

D) LEMBREM-SE DE MOSTRAR QUE AS PERSONAGENS VÃO SE ACUMULANDO AO LONGO DA HISTÓRIA.

3. REVISÃO

A) O PROFESSOR VAI LER PARA A TURMA O CONTO COMPLETO. DURANTE A LEITURA, REFLITAM SOBRE ESTAS QUESTÕES.

- A SEQUÊNCIA DAS PERSONAGENS NA HISTÓRIA ESTÁ CORRETA?
- AS PALAVRAS USADAS PARA INDICAR O SOM PRODUZIDO PELOS ANIMAIS ESTÃO ADEQUADAS?
- VOCÊS GOSTARIAM DE MODIFICAR ALGUMA OUTRA PARTE DO CONTO?

B) O PROFESSOR VAI CORRIGIR O QUE FOR NECESSÁRIO NO TEXTO DE ACORDO COM AS OBSERVAÇÕES DA TURMA.

4. VERSÃO FINAL

A) FEITAS AS ALTERAÇÕES NO TEXTO, O PROFESSOR VAI LER A VERSÃO FINAL DO CONTO QUE VOCÊS CRIARAM.

B) DEPOIS DA LEITURA, CONVERSE COM OS COLEGAS SOBRE ESTAS QUESTÕES.

- VOCÊS GOSTARAM DA NOVA VERSÃO DO CONTO QUE CRIARAM?
- DE QUAL DAS VERSÕES VOCÊS GOSTARAM MAIS? DA QUE LERAM NO LIVRO OU DA QUE ESCREVERAM COM O PROFESSOR? POR QUÊ?
- O QUE VOCÊS ACHARAM DE ESCREVER UMA VERSÃO DIFERENTE DE UM CONTO ACUMULATIVO?

AUTOAVALIAÇÃO

COMO FOI SEU APRENDIZADO NESTA UNIDADE? REFLITA SOBRE ESTAS PERGUNTAS. DEPOIS, MARQUE UM **X** NA OPÇÃO QUE MELHOR REPRESENTA SEU DESEMPENHO.			
1. EU CONSIGO LER E COMPREENDER UM CONTO ACUMULATIVO?			
2. EU SEI ESCREVER PERGUNTAS USANDO O PONTO DE INTERROGAÇÃO?			
3. EU SEI ESCREVER PALAVRAS INICIADAS COM A LETRA **G**?			
4. EU CONSIGO DISTINGUIR PALAVRAS COM SONS PARECIDOS?			
5. EU CONSIGO CRIAR UM FINAL DIFERENTE PARA UMA HISTÓRIA CONHECIDA E CONTAR AOS COLEGAS?			
6. EU CONSIGO ESCREVER UMA VERSÃO DIFERENTE PARA UMA HISTÓRIA CONHECIDA?			

SUGESTÕES

PARA LER

- ***A CASA SONOLENTA*, DE AUDREY WOOD. SÃO PAULO: ÁTICA, 1999.**

  EM UMA CASA SONOLENTA, COM UMA CAMA ACONCHEGANTE, TODOS VIVIAM DORMINDO. ATÉ QUE UMA PULGUINHA SALTITANTE APARECEU...

Editora Ática/Arquivo da Editora

Editora Ática/Arquivo da editora

- ***MANECO CANECO CHAPÉU DE FUNIL*, DE LUÍS CAMARGO. SÃO PAULO: ÁTICA, 2007.**

  NESTA HISTÓRIA ACUMULATIVA, DIVERSOS OBJETOS, CANSADOS DE NÃO FAZER NADA, SE UNEM PARA FORMAR UM SIMPÁTICO BONECO.

TRABALHO EM EQUIPE

LIVRO DE RECONTOS

AGORA, VOCÊ E OS COLEGAS VÃO CRIAR UM LIVRO DE RECONTOS. CADA ALUNO ESCREVERÁ UMA HISTÓRIA PARA O LIVRO QUE PODERÁ FAZER PARTE DA BIBLIOTECA DA ESCOLA E SER LIDO PELOS COLEGAS DE OUTRAS TURMAS.

ETAPAS

1 PENSANDO SOBRE O TEMA

- REFLITA SOBRE ESTAS QUESTÕES E CONVERSE COM OS COLEGAS.
  A) QUE CONTOS VOCÊ CONHECE? DE QUAL VOCÊ MAIS GOSTA?
  B) GERALMENTE, COMO ELES COMEÇAM?
  C) QUE ASSUNTOS PODEM SER TRATADOS NAS HISTÓRIAS?
  D) QUE PERSONAGENS VOCÊ CONHECE?

2 DESENVOLVENDO O TRABALHO

A) PESQUISE NA BIBLIOTECA OU NA SALA DE LEITURA DA ESCOLA UM CONTO QUE VOCÊ CONHECE OU QUE QUEIRA CONHECER.

B) LEIA O TEXTO OU PEÇA A ALGUÉM QUE LEIA PARA VOCÊ.

Jupiter Unlimited/Image Plus

C) RECONTE A HISTÓRIA PARA OS COLEGAS, TENTANDO SE LEMBRAR DE TODOS OS DETALHES.

D) EM FOLHAS À PARTE, ESCREVA ESSA HISTÓRIA USANDO SUAS PALAVRAS.

E) EM CADA PÁGINA, DEIXE ESPAÇO PARA FAZER UMA ILUSTRAÇÃO QUE COMBINE COM O TRECHO DA HISTÓRIA ESCRITO NELA.

F) LEMBRE-SE DE ESCREVER SEU NOME NO FINAL DO TEXTO.

G) O PROFESSOR VAI JUNTAR TODAS AS HISTÓRIAS PARA FORMAR UM LIVRO.

H) PARA FINALIZAR, JUNTE-SE AOS COLEGAS E FAÇAM UMA CAPA PARA O LIVRO.

- PENSEM NO TÍTULO DA PUBLICAÇÃO.
- FAÇAM UM DESENHO PARA COMPOR A CAPA.

3 CONCLUINDO

A) O PROFESSOR VAI ORGANIZAR UM DIA PARA O LANÇAMENTO DO LIVRO DE RECONTOS DA TURMA.

B) VOCÊS PODEM FAZER UM CONVITE PARA ENVIAR AOS FAMILIARES E ÀS PESSOAS DO SEU CONVÍVIO, AOS COLEGAS DE OUTRAS TURMAS E AOS FUNCIONÁRIOS DA ESCOLA.

C) NO DIA DO LANÇAMENTO, ORGANIZEM-SE EM GRUPOS E LEIAM ALGUNS RECONTOS PARA OS CONVIDADOS.

Biry Sarkis/Arquivo da editora

UNIDADE

9 POESIA TODO DIA

NESTA UNIDADE, VOCÊ VAI:

- CONHECER E RECITAR POEMAS.
- ESCREVER UMA CONTINUAÇÃO PARA UM POEMA.
- ESCREVER LEGENDAS PARA FOTOGRAFIAS.
- IDENTIFICAR OS ESPAÇOS ENTRE AS PALAVRAS.
- REFLETIR SOBRE **S** E **LH**, **NH** E **CH**.

OBSERVE A IMAGEM AO LADO E CONVERSE COM OS COLEGAS E O PROFESSOR SOBRE AS QUESTÕES A SEGUIR.

1. QUE PALAVRAS VOCÊ USARIA PARA DESCREVER ESSA IMAGEM PARA UMA PESSOA QUE NÃO PUDESSE VÊ-LA?

2. O QUE MAIS CHAMA A SUA ATENÇÃO NESSA CENA? POR QUÊ?

3. QUE CORES SE DESTACAM NELA?

4. É POSSÍVEL VER UMA CENA COMO ESSA NO DIA A DIA? POR QUÊ?

5. QUE SENSAÇÃO A IMAGEM DESPERTA EM VOCÊ?

6. AS SENSAÇÕES SERIAM DIFERENTES SE AS CORES USADAS REPRESENTASSEM ESSA MESMA CENA DURANTE O DIA?

PETER PAN, DE JAMES MATTHEW BARRIE. ILUSTRAÇÃO DE ANNE GRAHAME JOHNSTONE. COLEÇÃO PARTICULAR. GUACHE EM PAPEL.

Grahame Johnstone, Anne/Private Collection/ Bridgeman Images/Keystone Brasil

POEMA

1 **OBSERVE O TEXTO ABAIXO, AINDA SEM FAZER SUA LEITURA.**

O GATO

NO ALTO DO MURO
PULANDO NO ESCURO
MIANDO NO MATO
ENTRANDO EM APURO
É O GATO, SEGURO.

DE ANTIGO PASSADO
E JEITO FUTURO
MOVIMENTO PURO
AR SOFISTICADO
É O GATO, DE FATO.

SÓ PODE SER GATO
ESSE BICHO EXATO
ACROBATA NATO
QUE SÓ CAI DE QUATRO.

MARINA COLASANTI. *CADA BICHO SEU CAPRICHO*. SÃO PAULO: GLOBAL, 2002.

Clarissa França/Arquivo da editora

ACROBATA: ARTISTA DE CIRCO QUE FAZ NÚMEROS DE GINÁSTICA.
NATO: QUE TEM TALENTO NATURAL.

A) POR QUE SERÁ QUE ELE TEM ESSA FORMA?

B) VOCÊ JÁ VIU TEXTOS ASSIM? JÁ LEU ALGUM OU ESCUTOU ALGUÉM LER?

2 **AGORA, LEIA O POEMA "O GATO" COM A AJUDA DO PROFESSOR.**

A) O QUE VOCÊ ENTENDEU DE CADA PARTE DO POEMA?

B) LEIA NOVAMENTE COM O PROFESSOR A PRIMEIRA PARTE DO POEMA. PRESTE ATENÇÃO NA ÚLTIMA PALAVRA DE CADA VERSO.

- O QUE VOCÊ IDENTIFICA NESSAS PALAVRAS?

3 O QUE VOCÊ ACHOU DO POEMA? CONTE PARA OS COLEGAS.

4 OBSERVE A CAPA DO LIVRO DO QUAL FOI RETIRADO O POEMA QUE VOCÊ LEU.

Divulgação/Ed. Global

CAPA DO LIVRO *CADA BICHO SEU CAPRICHO*, DE MARINA COLASANTI, DO QUAL FOI RETIRADO O POEMA "O GATO".

A) CIRCULE O NOME DA AUTORA.

B) SUBLINHE O TÍTULO DO LIVRO.

C) LEIA O TÍTULO EM VOZ ALTA. O QUE VOCÊ PERCEBE?

D) O QUE VOCÊ ACHOU DESSA CAPA? EM SUA OPINIÃO, ELA CHAMA A ATENÇÃO DO LEITOR? POR QUÊ?

Daniel Marenco/Folhapress

MARINA COLASANTI NASCEU EM 1937 EM UM PAÍS CHAMADO ERITREIA, LOCALIZADO NO CONTINENTE AFRICANO, E VEIO PARA O BRASIL AINDA MENINA. ENTRE SEUS LIVROS, DESTACA-SE *O NOME DA MANHÃ*, COM POEMAS DEDICADOS ÀS CRIANÇAS.

CONHECENDO O TEXTO

ACOMPANHE A LEITURA DESTE POEMA.

TERRA DO NUNCA

NA TERRA DO NUNCA
WENDY COZINHA
PARA PETER PAN,
PARA OS MENINOS E PARA
SININHO, SUA VIZINHA.

É UMA COMIDINHA
DE FAZ DE CONTA,
COMO TUDO POR AQUI.
LÁ LONGE, NO HORIZONTE,
UM BARCO **OSCILA**.
O TERRÍVEL CAPITÃO GANCHO
COM UM SOPRO DE VENTO
SE APROXIMA.

SUSPENSE.

ROSEANA MURRAY E ANDRÉ MURRAY. *POEMAS E COMIDINHAS.* SÃO PAULO: PAULUS, 2008.

OSCILAR: BALANÇAR.

Clarissa França/Arquivo da editora

Reprodução/Juliana Mello

ROSEANA MURRAY NASCEU NO RIO DE JANEIRO, EM 1950. ELA ESCREVE PARA TODAS AS IDADES E JÁ PUBLICOU MAIS DE CEM LIVROS. ENTRE ELES, DESTACA-SE *POEMAS E COMIDINHAS*, ESCRITO COM O *CHEF* ANDRÉ MURRAY, FILHO DE ROSEANA.

1 **RESPONDA A ESTAS QUESTÕES SOBRE O POEMA.**

A) VOCÊ GOSTOU DE OUVIR O POEMA?

B) INTERESSOU-SE PELO ASSUNTO?

C) VOCÊ JÁ LEU OU GOSTARIA DE LER OUTROS POEMAS SOBRE PERSONAGENS DE MUNDOS ENCANTADOS? SE SIM, SOBRE QUAIS PERSONAGENS?

2 **RELEIA O POEMA E PINTE O TRECHO QUE MOSTRA O QUE O TERRÍVEL CAPITÃO GANCHO ESTÁ FAZENDO.**

3 **AGORA, OBSERVE A FORMA DO POEMA QUE VOCÊ HAVIA LIDO ANTERIORMENTE.**

O GATO → TÍTULO

VERSO (CADA LINHA DO POEMA) ← NO ALTO DO MURO

NO ALTO DO MURO
PULANDO NO ESCURO
MIANDO NO MATO
ENTRANDO EM APURO
É O GATO, SEGURO.

DE ANTIGO PASSADO
E JEITO FUTURO
MOVIMENTO PURO
AR SOFISTICADO
É O GATO, DE FATO.

SÓ PODE SER GATO
ESSE BICHO EXATO
ACROBATA NATO
QUE SÓ CAI DE QUATRO.

→ ESTROFE (CADA CONJUNTO DE VERSOS)

MARINA COLASANTI. *CADA BICHO SEU CAPRICHO*.
SÃO PAULO: GLOBAL, 2002.

- NO POEMA "TERRA DO NUNCA":
  - CIRCULE AS ESTROFES.
  - SUBLINHE OS VERSOS DA PRIMEIRA ESTROFE.
  - FAÇA UM **X** AO LADO DO TÍTULO.

4 **RELEIA EM VOZ ALTA A PRIMEIRA ESTROFE DO POEMA.**

NA TERRA DO NUNCA
WENDY COZINHA
PARA PETER PAN,
PARA OS MENINOS E PARA
SININHO, SUA VIZINHA.

- QUE PALAVRAS TÊM SONS FINAIS PARECIDOS E ESTÃO NO FIM DOS VERSOS?

ESSA REPETIÇÃO DE SONS PARECIDOS DO FINAL DE ALGUMAS PALAVRAS É CHAMADA DE **RIMA**.

5 **LEIA ESTE TEXTO COM A AJUDA DO PROFESSOR.**

ERA UMA VEZ UMA MENINA CHAMADA WENDY. ELA FOI LEVADA POR PETER PAN PARA A TERRA DO NUNCA.

LÁ, WENDY COZINHAVA PARA OS MENINOS E A FADINHA SININHO.

ENQUANTO ISSO, LÁ LONGE NO HORIZONTE O BARCO DO CAPITÃO GANCHO SE APROXIMA.

O QUE ELE QUER DESSA VEZ?

- EM GRUPO, RESPONDAM A ESTAS PERGUNTAS.

A) ESSE TEXTO LEMBRA O QUE ACONTECE NO POEMA "TERRA DO NUNCA"? POR QUÊ?

B) OBSERVEM O POEMA "TERRA DO NUNCA" E O TEXTO ACIMA.

- ESSES TEXTOS TÊM O MESMO TAMANHO?
- QUAL É A FORMA DELES?
- HÁ RIMAS NELES? SE SIM, QUAIS?

6 **O MUNDO EM QUE PERSONAGENS COMO WENDY E PETER PAN VIVEM É:**

☐ UM MUNDO ENCANTADO, DA NOSSA IMAGINAÇÃO.

☐ UM MUNDO QUE EXISTE EM OUTRO PAÍS, DISTANTE DO NOSSO.

DESCOBERTAS SOBRE A ESCRITA

1 **RELEIA ESTES VERSOS DO POEMA "TERRA DO NUNCA". QUANTAS PALAVRAS HÁ EM CADA UM DELES?**

É UMA COMIDINHA [ ]

DE FAZ DE CONTA, [ ]

2 **AGORA, LEIA OS MESMOS VERSOS ESCRITOS DE OUTRA MANEIRA.**

ÉUMACOMIDINHA
DEFAZDECONTA,

A) O QUE ACONTECEU EM RELAÇÃO AOS VERSOS DA ATIVIDADE ANTERIOR?

....

B) REESCREVA O TRECHO SEPARANDO AS PALAVRAS.

....

....

3 **OBSERVE COMO FOI ESCRITO O NOME DE ALGUNS ALIMENTOS.**

BEIJINHORAPADURACOCADAPIPOCAPIRULITOPUDIM

- AGORA, COPIE AS PALAVRAS.

....

....

....

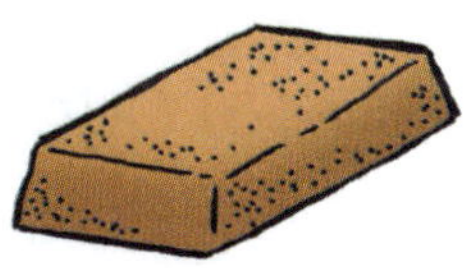

Ilustrações: Patrícia Paulozi/Arquivo da editora

4 COMPLETE A CRUZADINHA COM ESTES NOMES DE ALIMENTOS.

PASTEL	SANDUÍCHE	SONHO
SOPA	SORVETE	SUSPIRO

Ilustrações: Clarissa França/ Arquivo da editora

A) QUE LETRA APARECE EM TODOS OS NOMES DA CRUZADINHA?

....

B) QUAL É A ÚNICA PALAVRA DA CRUZADINHA QUE NÃO COMEÇA COM ESSA LETRA?

....

ENTRE LINHAS E IDEIAS

VOCÊ VIU QUE O POEMA "TERRA DO NUNCA" TERMINA DEIXANDO UM CLIMA DE SUSPENSE.

AGORA, VOCÊ E UM COLEGA VÃO CONTINUAR A ESCREVER ESSE POEMA, CONTANDO O QUE ACONTECEU QUANDO O CAPITÃO GANCHO CHEGOU AO LUGAR ONDE ESTAVAM PETER PAN E SEUS AMIGOS.

1. PLANEJAMENTO

A) RELEIAM SILENCIOSAMENTE O POEMA DE ROSEANA MURRAY.

TERRA DO NUNCA

NA TERRA DO NUNCA
WENDY COZINHA
PARA PETER PAN,
PARA OS MENINOS E PARA
SININHO, SUA VIZINHA.

É UMA COMIDINHA
DE FAZ DE CONTA,
COMO TUDO POR AQUI.
LÁ LONGE, NO HORIZONTE,
UM BARCO OSCILA.
O TERRÍVEL CAPITÃO GANCHO
COM UM SOPRO DE VENTO
SE APROXIMA.

SUSPENSE.

ROSEANA MURRAY E ANDRÉ MURRAY. *POEMAS E COMIDINHAS.* SÃO PAULO: PAULUS, 2008.

Clarissa França/Arquivo da editora

B) O DESAFIO DE VOCÊS SERÁ ESCREVER UMA ESTROFE, COM RIMA, CONTANDO O QUE ACONTECEU DEPOIS DO ÚLTIMO VERSO DO POEMA "TERRA DO NUNCA".

C) VOCÊS TERÃO DE PENSAR NOS SEGUINTES PONTOS:

- UM POEMA É ESCRITO EM VERSOS, ENTÃO VOCÊS ESCREVERÃO EM VERSOS TAMBÉM.
- QUANTOS VERSOS TERÁ A ESTROFE?
- CAPITÃO GANCHO É UM **PIRATA**. SE FOREM USAR ESSA PALAVRA, POR EXEMPLO, QUE PALAVRAS RIMAM COM ELA? ANOTEM.
- O QUE O PIRATA ESTÁ FAZENDO? PENSEM EM AÇÕES POSSÍVEIS, COMO **BRINCAR**, **BRIGAR**, **COMER**, **ESCONDER**, **RIR**, **SUMIR**.
- QUE PERSONAGENS DO POEMA ESTÃO ENVOLVIDAS NESSE ACONTECIMENTO?

2. PRIMEIRA VERSÃO

- EM UMA FOLHA À PARTE, ESCREVAM, EM FORMA DE VERSOS, O QUE ACONTECEU COM A CHEGADA DO CAPITÃO GANCHO.

3. REVISÃO

A) O PROFESSOR VAI LER O POEMA COM VOCÊS PARA VERIFICAR POSSÍVEIS AJUSTES. AS PERGUNTAS A SEGUIR VÃO ORIENTÁ-LOS.

- OS ESPAÇOS ENTRE AS PALAVRAS FORAM APLICADOS CORRETAMENTE?
- VOCÊS CONSEGUIRAM PRODUZIR RIMAS?
- OS VERSOS CONTAM O QUE ACONTECEU DEPOIS DO "SUSPENSE"?
- AS PALAVRAS FORAM ESCRITAS CORRETAMENTE? CONFIRAM COM O PROFESSOR.

B) COM A AJUDA DO PROFESSOR E DOS COLEGAS, AJUSTEM NO TEXTO O QUE FOR NECESSÁRIO.

4. VERSÃO FINAL

A) COPIEM O POEMA COMPLETO NO CADERNO, INCLUINDO O FINAL QUE VOCÊS ESCREVERAM. SE DESEJAREM, FAÇAM UM DESENHO ILUSTRANDO O POEMA.

B) GUARDEM O TEXTO PARA O SARAU DA SEÇÃO **PRATICANDO A FALA E A ESCUTA**.

PRATICANDO A FALA E A ESCUTA

VOCÊ E UM COLEGA VÃO SE APRESENTAR EM UM ENCONTRO POÉTICO CONHECIDO COMO **SARAU**.

DURANTE O SARAU, VOCÊS VÃO RECITAR PARA OS COLEGAS DE OUTRAS TURMAS O POEMA "TERRA DO NUNCA" E A ESTROFE FINAL QUE CRIARAM.

1. **PLANEJAMENTO**
   - A TURMA E O PROFESSOR VÃO COMBINAR O DIA EM QUE O SARAU VAI SER REALIZADO E O CONVITE A SER FEITO.
2. **ENSAIO**

   A) VOCÊ E O COLEGA LERÃO O POEMA E A ESTROFE QUE PRODUZIRAM.

   B) DECIDAM COMO VOCÊS VÃO RECITAR: CADA UM RECITA UM VERSO OU UMA ESTROFE INTEIRA? EM ALGUM MOMENTO VÃO RECITAR JUNTOS?
   - USEM LÁPIS DE CORES DIFERENTES PARA IDENTIFICAR OS VERSOS QUE CADA UM VAI RECITAR.

   C) PARA TORNAR A APRESENTAÇÃO MAIS RICA, ENSAIEM COM BASTANTE EXPRESSIVIDADE OS VERSOS DO POEMA.
3. **APRESENTAÇÃO**

   A) COMECEM A RECITAÇÃO CUMPRIMENTANDO A PLATEIA. ISSO PODE SER FEITO PELA FALA OU COM UM GESTO DE CABEÇA, POR EXEMPLO.

   B) DECLAMEM OS VERSOS DE FORMA CLARA E COM UM TOM DE VOZ QUE TODOS POSSAM OUVIR.

   C) AO FINAL, AGRADEÇAM A ATENÇÃO DO PÚBLICO.
4. **AVALIAÇÃO**
   - CONVERSE COM OS COLEGAS E O PROFESSOR SOBRE AS APRESENTAÇÕES.

- A DECLAMAÇÃO DO POEMA SAIU DE ACORDO COM O QUE VOCÊS ENSAIARAM?
- DEPOIS DE OUVIR AS RIMAS CRIADAS PELOS COLEGAS, DE QUAL VOCÊS MAIS GOSTARAM? POR QUÊ?
- VOCÊS FICARAM SATISFEITOS COM A APRESENTAÇÃO? MUDARIAM ALGUMA COISA? O QUÊ?

REFLETINDO SOBRE A LÍNGUA

COM O PROFESSOR, LEIA EM VOZ ALTA MAIS UM POEMA.

COMIDA DE SEREIA

O QUE SERÁ QUE A SEREIA COME
EM SEU CASTELO DE AREIA?
ENQUANTO PENTEIA OS CABELOS
A PANELA ESQUENTA NA COZINHA:
SERÁ QUE A SEREIA COME **ANÊMONAS**,
OSTRAS, CAVALOS-MARINHOS?
OU DELICADOS PEIXINHOS DE OLHOS
DOURADOS?
ALGAS MARINHAS, LULAS, SARDINHAS?
POLVOS, MARISCOS, ENGUIAS,
OU SERÁ QUE A SEREIA COME POESIA?

ROSEANA MURRAY E ANDRÉ MURRAY. *POEMAS E COMIDINHAS*. SÃO PAULO: PAULUS, 2008. P. 22.

Clarissa França/Arquivo da editora

ANÊMONA: ANIMAL QUE VIVE NO FUNDO DO MAR.

1 A PRIMEIRA PERGUNTA DO POEMA É:

- [ ] O QUE SERÁ QUE A SEREIA COME EM SEU CASTELO DE AREIA?
- [ ] O QUE SERÁ QUE A SEREIA COME NA ESCOLA?

- COMO É POSSÍVEL SABER QUE A FRASE ESCOLHIDA É UMA PERGUNTA?
  - [ ] ELA SE ENCERRA COM PONTO FINAL.
  - [ ] ELA SE ENCERRA COM PONTO DE INTERROGAÇÃO.

2 **INTERROGAR** SIGNIFICA:

- [ ] FAZER PERGUNTAS, QUESTIONAR.
- [ ] FAZER A COMIDA DA SEREIA.

DESCOBERTAS SOBRE A ESCRITA

O TEXTO A SEGUIR REPRESENTA O SUMÁRIO DO LIVRO *POEMAS E COMIDINHAS*, DE ROSEANA MURRAY E ANDRÉ MURRAY, DO QUAL FORAM EXTRAÍDOS OS POEMAS "TERRA DO NUNCA" E "COMIDA DE SEREIA". OBSERVE-O.

POEMAS

COMIDINHAS

ADAPTADO DE: ROSEANA MURRAY E ANDRÉ MURRAY. *POEMAS E COMIDINHAS.* SÃO PAULO: PAULUS, 2008.

1 **CIRCULE NESSE SUMÁRIO OS TÍTULOS QUE COMEÇAM COM A MESMA LETRA QUE A PALAVRA SUSPENSE.**

2 DE ACORDO COM ESSE SUMÁRIO, EM QUAL PÁGINA DO LIVRO VOCÊ ENCONTRA O POEMA "TERRA DO NUNCA"?

3 NA PARTE DOS POEMAS, EM QUE PÁGINAS ESTÃO OS TEXTOS INICIADOS COM A MESMA LETRA DA PALAVRA **SUSPENSE**?

- ESCREVA O NOME DESSES POEMAS.

4 QUE COMIDINHA VOCÊ ENCONTRA:

A) NA PÁGINA 5?

B) NA PÁGINA 29?

C) COM QUE LETRA SE INICIA O NOME DESSAS COMIDINHAS?

D) CITE OUTRA PÁGINA EM QUE HÁ O NOME DE UMA COMIDINHA QUE SE INICIA COM ESSA LETRA. QUAL É ESSA COMIDINHA?

5 RELENDO O NOME DOS POEMAS DESSE LIVRO, QUAL DELES VOCÊ TEM CURIOSIDADE DE CONHECER? POR QUÊ?

6 COM O PROFESSOR E OS COLEGAS, ORGANIZE UMA IDA À BIBLIOTECA DA ESCOLA OU AO CANTINHO DE LEITURA.

A) PEGUE ALGUNS LIVROS PARA FOLHEAR E CONVERSE COM OS COLEGAS SOBRE OS TÍTULOS QUE MAIS CHAMAM SUA ATENÇÃO.

B) SELECIONE, COM A AJUDA DO PROFESSOR E DO BIBLIOTECÁRIO, UM LIVRO QUE POSSA LEVAR PARA CASA E LER COM ALGUÉM QUE MORE COM VOCÊ.

7 ESCOLHA DOIS LÁPIS DE COR. COM UM DELES, PINTE AS PALAVRAS DO SUMÁRIO QUE TENHAM **CH**. COM O OUTRO LÁPIS, PINTE AS PALAVRAS QUE TENHAM **NH**.

- AGORA, RELEIA ESTA PALAVRA:

PALHA

- NESSE CASO, QUE LETRA FORMA DUPLA COM A LETRA **H**?

....

8 FORME PALAVRAS COMBINANDO AS COLUNAS. VEJA O EXEMPLO.

Eric Isselee/Shutterstock

CACHORRO

CAPRI		O	CAPRICHO
CA		ORRO	
LAN	**CH**	EIRA	
CO		ILO	
RE		EIO	

Aleksey Stemmer/Shutterstock

ARANHA

NI		O	
PI		EIRO	
ARA	**NH**	A	
CAMI		O	
SOZI		O	

Oleksandr Lytvynenko/Shutterstock

COELHO

GA		O	
PI		A	
COE	**LH**	O	
O		O	
MO		ADO	

CONHECENDO OUTROS TEXTOS

O PROFESSOR VAI LER UM TRECHO DE UMA MATÉRIA PUBLICADA EM UMA REVISTA DE CIÊNCIA. OUÇA-O COM ATENÇÃO.

AGORA, OBSERVE A FOTOGRAFIA E, COM A AJUDA DO PROFESSOR, LEIA O TEXTO AO LADO DELA. ELES ACOMPANHAM A MATÉRIA LIDA.

Malene Thyssen/Wikimedia Commons

O TAMANDUÁ-BANDEIRA É PARENTE DOS TATUS, DAS PREGUIÇAS E DE OUTROS TAMANDUÁS. TEM OLHOS E ORELHAS POUCO DESENVOLVIDOS – SEU SENTIDO MAIS AGUÇADO É O OLFATO. ORIGINALMENTE, A ESPÉCIE SE ESPALHAVA POR TODO O BRASIL, MAS HOJE É VISTA APENAS EM UNIDADES DE CONSERVAÇÃO.

CIÊNCIA HOJE DAS CRIANÇAS. *E O TAMANDUÁ-BANDEIRA, HEIN?* DISPONÍVEL EM: <http://chc.org.br/e-o-tamandua-bandeira-hein>. ACESSO EM: 14 SET. 2017.

1 RESPONDA.

A) PARA QUE SERVE O TEXTO AO LADO DA FOTO?

☐ FORNECER INFORMAÇÕES SOBRE O QUE MOSTRA A FOTO. ☐ DIVERTIR O LEITOR.

B) QUE INFORMAÇÕES ESSE TEXTO TRAZ?

☐ ONDE O ANIMAL PODE SER ENCONTRADO.

☐ COMO O ANIMAL SE ALIMENTA.

C) PELO TEXTO, É POSSÍVEL ENTENDER QUE UNIDADES DE CONSERVAÇÃO SÃO:

☐ LUGARES ONDE ESPÉCIES SÃO CONSERVADAS.

☐ LUGARES EM QUE NÃO HÁ PROTEÇÃO.

D) COMPARADO COM A MATÉRIA QUE VOCÊ OUVIU, ESSE TEXTO É:

☐ CURTO. ☐ LONGO.

E) ESSE TEXTO É:

☐ UMA FÁBULA. ☐ UMA LEGENDA.

2 ESCREVA NO QUADRINHO A QUE IMAGEM CORRESPONDE CADA LEGENDA.

A)

Fabio Colombini/Acervo do fotógrafo

B)

Paul Crum/Science Source/Latinstock

C)

Kevin Schafer/Minden Pictures/Latinstock

☐ O TATU-CANASTRA, AMEAÇADO DE EXTINÇÃO, É O MAIOR TATU DO PLANETA. ELE PODE CHEGAR A 1,5 m DE COMPRIMENTO E PESAR 50 kg. COM ESSE TAMANHO, PARECE FÁCIL AVISTAR UM, MAS NÃO É, NÃO. ELE VIVE BEM ESCONDIDO NA NATUREZA E RARAMENTE É VISTO.

☐ O BOTO-COR-DE-ROSA É O MAIOR DE TODOS OS GOLFINHOS DE ÁGUA DOCE, CHEGANDO A PESAR CERCA DE 200 kg E ATINGIR 2,5 m. A COR DOS BOTOS VARIA COM A IDADE. QUANDO JOVENS, SÃO CINZENTOS E, QUANDO ADULTOS, FICAM MAIS ROSADOS.

☐ TUIUIÚ OU JABURU, AVE-SÍMBOLO DO PANTANAL, EM SEU NINHO. ESSA É A MAIOR AVE DA REGIÃO, PODENDO CHEGAR A 1,5 m DE ALTURA E A 8 kg. SEU NINHO É BEM GRANDE E MUITO RESISTENTE. PEIXE É SEU ALIMENTO PREFERIDO.

3 AGORA É SUA VEZ! QUE ANIMAL É ESTE?

- EM GRUPO E COM A AJUDA DO PROFESSOR, FAÇAM UMA PESQUISA E CRIEM UMA LEGENDA PARA A FOTO.

....

....

....

....

Haroldo Palo Jr./Age Fotostock/AGB Photo Library

REFLETINDO SOBRE A LÍNGUA

1 COM UM COLEGA, LEIA AS LEGENDAS ABAIXO E TROQUE AS PALAVRAS DESTACADAS POR OUTRAS QUE TENHAM O MESMO SENTIDO. REESCREVA CADA LEGENDA COM A NOVA PALAVRA.

Jacques Jangoux/ Photoresearchers/Latinstock

INCÊNDIO NA FLORESTA DEIXA **BICHOS** SEM ABRIGO.

Vladimir Wrangel/Shutterstock

O TAMANDUÁ-BANDEIRA **ALIMENTA-SE** DE FORMIGAS E CUPINS.

2 LEIA AS FRASES E COMPLETE OS ESPAÇOS COM UMA PALAVRA CONTRÁRIA À PALAVRA QUE ESTÁ DESTACADA.

A FORMIGA É MUITO ....
SE COMPARADA A UM **GRANDE** ELEFANTE.

Ilustrações: Patricia Paulozi/Arquivo da editora

O BICHO-PREGUIÇA É MUITO ....
SE COMPARADO A UMA ONÇA **VELOZ**.

VAMOS FALAR SOBRE...

FOTOGRAFIA E AVENTURA

É SIMPLES E MUITO COMUM TIRAR FOTOS DE ANIMAIS DE ESTIMAÇÃO CORRENDO, BRINCANDO, FAZENDO BAGUNÇA.

MAS HÁ PESSOAS QUE CORREM SÉRIOS RISCOS PARA TIRAR FOTOS DE ANIMAIS SILVESTRES EM SEU AMBIENTE NATURAL. ELAS VIVEM VERDADEIRAS AVENTURAS!

- CONVERSE COM O PROFESSOR E OS COLEGAS SOBRE ESTAS QUESTÕES.
  - A) VOCÊ JÁ TIROU FOTO DE ALGUM ANIMAL? SE SIM, DE QUAL?
  - B) VOCÊ GOSTARIA DE VIVER AS AVENTURAS DE UM FOTÓGRAFO QUE REGISTRA IMAGENS DE ANIMAIS SILVESTRES? POR QUÊ?
  - C) O QUE VOCÊ ACHA DO TRABALHO DE FOTÓGRAFOS COMO ESSES? COMO ELES CONTRIBUEM PARA O CONHECIMENTO?

DIVERSÃO EM PALAVRAS

1 **DE QUE ANIMAIS ESTAMOS FALANDO? LEIA CADA TEXTO E ESCREVA O NOME DO ANIMAL A QUE SE REFERE.**

DICA: SE TIVER DÚVIDAS, CONSULTE O QUADRO DE PALAVRAS.

AVESTRUZ	CORUJA	EMA	JACARÉ	BICHO-PREGUIÇA

A) MESMO SE MOVIMENTANDO MUITO DEVAGAR, ESCALA ÁRVORES BEM ALTAS. É CHAMADO DE PREGUIÇOSO. ....

B) NOS RIOS, ESSE ANIMAL, PARADO, LEMBRA UM TRONCO FLUTUANDO. QUANDO ABRE A BOCA, EXIBE MUITOS DENTES. ....

C) ESSA AVE CHEGA A MAIS DE DOIS METROS DE ALTURA E NÃO VOA. É CONSIDERADA A MAIOR ESPÉCIE EXISTENTE. ....

2 OUÇA O TEXTO QUE O PROFESSOR VAI LER PARA, EM SEGUIDA, FAZER O QUE SE PEDE.

FORMIGAS-DE-FOGO

INVENCÍVEIS E FURIOSAS, ESSAS PEQUENINAS TÊM NOMES – E FERRÕES – DE ASSUSTAR

QUANDO CRIANÇA, TODA VEZ QUE EU E MEUS PRIMOS ÍAMOS À FAZENDA DOS MEUS AVÓS, ÉRAMOS ALERTADOS PARA TOMAR CUIDADO COM AS LAVA-PÉS. CASO VOCÊ NÃO CONHEÇA, AS LAVA-PÉS SÃO FORMIGUINHAS COM UM FERRÃO NO FINAL DO ABDÔMEN, E CUJA PICADA INJETA UM VENENO DOLOROSO. IMAGINE SÓ PISAR DESCALÇO OU DE CHINELOS SOBRE UM NINHO DELAS? AS FERROADAS CAUSAM UMA SENSAÇÃO DE QUEIMAÇÃO QUE TE FAZ QUERER LAVAR O PÉ NA HORA, NA TENTATIVA DE ALÍVIO. VEM DAÍ O NOME "LAVA-PÉ", EM PORTUGUÊS, E *FIRE ANTS* ("FORMIGAS-DE-FOGO") EM INGLÊS.

[...]

CIÊNCIA HOJE DAS CRIANÇAS. *FORMIGAS-DE-FOGO*. DISPONÍVEL EM: <http://chc.org.br/formigas-de-fogo>. ACESSO EM: 11 AGO. 2017.

A) CRIE UMA LEGENDA PARA A FOTO, QUE PODERIA ESTAR ILUSTRANDO ESSE TEXTO.

Scott Leslie/ Minden Pictures/Getty Images

B) CRIE TAMBÉM UM NOVO TÍTULO PARA O TEXTO.

3 AGORA QUE VOCÊ CONHECE VÁRIOS TEXTOS DIFERENTES, BRINQUE COM O JOGO DE TRILHA DA FICHA 20 DO **MATERIAL COMPLEMENTAR** E RELEMBRE O QUE VOCÊ VIU ATÉ AQUI.

AUTOAVALIAÇÃO

COMO FOI SEU APRENDIZADO NESTA UNIDADE?
REFLITA SOBRE ESTAS PERGUNTAS.
DEPOIS, MARQUE UM **X** NA OPÇÃO QUE
MELHOR REPRESENTA SEU DESEMPENHO.

1. EU CONSIGO LER POEMAS?			
2. EU IDENTIFICO OS VERSOS, AS ESTROFES E AS RIMAS DE UM POEMA?			
3. EU CONSIGO RECITAR UM POEMA?			
4. EU CONSIGO ESCREVER UMA CONTINUAÇÃO PARA UM POEMA?			
5. EU SEI LER E CRIAR LEGENDAS PARA FOTOGRAFIAS?			
6. EU IDENTIFICO OS ESPAÇOS ENTRE AS PALAVRAS?			
7. EU SEI ESCREVER PALAVRAS COM **S** E COM **LH**, **NH** E **CH**?			

SUGESTÕES

PARA LER

- *CÉU NA CALÇADA*: UM OLHAR PELA CIDADE, DE MICHELE IACOCCA. SÃO PAULO: ÁTICA, 2011.

  ESTE LIVRO TRAZ 12 POEMAS SOBRE O DIA A DIA NA CIDADE: O TRÂNSITO CONGESTIONADO, A CALÇADA MOVIMENTADA, A BRINCADEIRA DAS CRIANÇAS E MUITO MAIS.

Editora Ática/Arquivo da editora

Divulgação/Ed. DCL

- *ELEFANTE, CHAPÉU E MELANCIA*: EM TUDO TEM POESIA!, DE LALAU E LAURABEATRIZ. SÃO PAULO: DCL, 2011.

  VOCÊ JÁ PAROU PARA PENSAR ONDE ESTÁ A POESIA? OS AUTORES DESTE LIVRO PROCURARAM E DESCOBRIRAM. LEIA O LIVRO E VEJA ONDE ELA ESTÁ!

CULTIVANDO A AMIZADE

AMIGOS SÃO AS PESSOAS QUE PARTICIPAM DE NOSSA VIDA EM TODOS OS MOMENTOS, QUE BRINCAM E QUE TROCAM EXPERIÊNCIAS CONOSCO. PARA MANTER UMA AMIZADE, É PRECISO CULTIVÁ-LA COM RESPEITO E CARINHO.

OBSERVE AS IMAGENS.

A CASA DE ZOLA EM MÉDAN, DE PAUL CÉZANNE, 1880. ÓLEO SOBRE TELA, 59 cm × 72 cm.

ESTA TELA FOI PINTADA POR UM ARTISTA FRANCÊS CHAMADO PAUL CÉZANNE COMO PRESENTE PARA UM AMIGO, O ESCRITOR ÉMILE ZOLA, TAMBÉM NASCIDO NA FRANÇA.

1. QUE ELEMENTOS NA TELA DE CÉZANNE REPRESENTAM A CASA DE ZOLA?
2. VOCÊ COSTUMA VISITAR A CASA DE SEUS AMIGOS? E ELES, COSTUMAM VISITAR SUA CASA? O QUE VOCÊS FAZEM DURANTE O TEMPO QUE PASSAM JUNTOS? CONTE ESSA EXPERIÊNCIA.
3. POR QUE É IMPORTANTE TER AMIGOS? CITE TRÊS MOTIVOS.

PAUL CÉZANNE E ÉMILE ZOLA SE CONHECERAM AINDA JOVENS NA ESCOLA E FORAM GRANDES AMIGOS POR MUITOS ANOS.

CÉZANNE PASSOU UM PERÍODO NA CASA DE SEU AMIGO ZOLA. VEJA UMA FOTOGRAFIA DA CASA DE ZOLA ATUALMENTE.

Nicolas THIBAUT/Photononstop/Latinstock

CASA DE ÉMILE ZOLA EM MÉDAN, FRANÇA, ATUALMENTE.

4 HÁ ALGUM COLEGA NA SALA DE AULA QUE VOCÊ NÃO CONHEÇA BEM? SE HOUVER, FORME DUPLA COM ELE, CONVERSEM UM POUCO E VEJA COMO É INTERESSANTE SABER MAIS SOBRE UMA PESSOA.

5 EM UMA FOLHA À PARTE, FAÇA UM DESENHO OU UMA COLAGEM EM HOMENAGEM A UM AMIGO. DEPOIS, ENTREGUE O PRESENTE A ELE.

CONVITE LITERÁRIO

Bruna Assis Brasil/Arquivo da editora

ENTRE OUTRAS COISAS, NESTE ANO VOCÊ ESTUDOU QUADRINHAS, TRAVA-LÍNGUAS E CANTIGAS, QUE SÃO TEXTOS CURTOS EM FORMA DE POEMA.

VAMOS AGORA VER O RESULTADO DO ENCONTRO ENTRE POEMA E CURIOSIDADE?

VOCÊ VAI LER, COM A AJUDA DO PROFESSOR, ADIVINHAS ESCRITAS EM FORMA DE POEMA, QUE BRINCAM COM O SIGNIFICADO E O SOM DAS PALAVRAS.

QUEM SERÁ QUE CONSEGUE ADIVINHAR?

TEXTO 1

ABC DOIDO

[...]
ESSA É FÁCIL,
ASSIM ESPERO.
SEM TIRAR NEM PÔR,
É IGUAL A ZERO.

Banco de imagens/Arquivo da editora

A LETRA O.

ANGELA LAGO E OUTROS. *POEMAS COM SOL E SONS*. SÃO PAULO: MELHORAMENTOS, 2000. P. 16.

TEXTO 2

MUITO BONITA E SABE VOAR. TEM, TEM, TEM... A, A, A!
ERRE DUAS VEZES E VOCÊ ACERTARÁ?
TEM, TEM, TEM: A...A...A... ERRE 2 VEZES:
R...R...
A ...R ...A ...R...A...

RESPOSTA: ARARA!

ANGELA LAGO. DISPONÍVEL EM: <www.angela-lago.com.br/rarara.html>. ACESSO EM: 5 OUT. 2017.

Reprodução/Acervo particular

ANGELA LAGO É UMA ESCRITORA E ILUSTRADORA MINEIRA. A MAIOR PARTE DE SUA OBRA FOI FEITA PARA CRIANÇAS. ENTRE OS TEXTOS QUE ESCREVEU ESTÃO POEMAS E NARRATIVAS POR IMAGENS.

Reprodução/Ed. Melhoramentos

LEMBRA-SE DAS NARRATIVAS POR IMAGENS QUE VOCÊ ESTUDOU E AJUDOU A PRODUZIR NA UNIDADE 2? ESSA AUTORA CRIOU HISTÓRIAS ASSIM TAMBÉM!

TEXTO 3

ADIVINHA DOS PEIXES

QUEM TEM CAMA NO MAR? O CAMARÃO.
QUEM É **SARDENTA**? ADIVINHA. A **SARDINHA**.
QUE NÃO PAGA O **ROBALO**? QUEM ROUBÁ-LO.
QUEM É O BARÃO NO MAR? O TUBARÃO.

GOSTA A LAGOSTA DO LAGO? ELA GOSTA.
QUANTOS PÉS CADA PESCADA TEM? HEM?
QUEM PESCA ALEGRIA? O PESCADOR?
QUEM PÔS O POLVO EM **POLVOROSA**? A ROSA.

AQUI TEM PALAVRAS ESCONDIDAS! SERÁ QUE VOCÊ CONSEGUE ENCONTRÁ-LAS? UMA DICA: SÃO DUAS!

MAIS UM DESAFIO: TENTE ENCONTRAR OUTRAS PALAVRAS ESCONDIDAS EM PALAVRAS DESSE POEMA!

JOSÉ PAULO PAES. *É ISSO ALI:* POEMAS ADULTO-INFANTOJUVENIS. SÃO PAULO: SALAMANDRA, 2005.

SARDENTO: QUE TEM MANCHAS NA PELE.
SARDINHA: UM TIPO DE PEIXE.
ROBALO: UM TIPO DE PEIXE.
POLVOROSA: AGITAÇÃO.

Bruna Assis Brasil/Arquivo da editora

Cláudia Guimarães/Folhapress

O PAULISTA **JOSÉ PAULO PAES** COMEÇOU A ESCREVER PARA CRIANÇAS DEPOIS DE TER TRADUZIDO E ESCRITO MUITOS LIVROS PARA ADULTOS. É COMUM SEUS POEMAS PARA CRIANÇAS TRABALHAREM A IMAGINAÇÃO E BRINCAREM COM AS PALAVRAS.

TEXTO 4

QUEM SERÁ O DESENHISTA?

O DESENHISTA

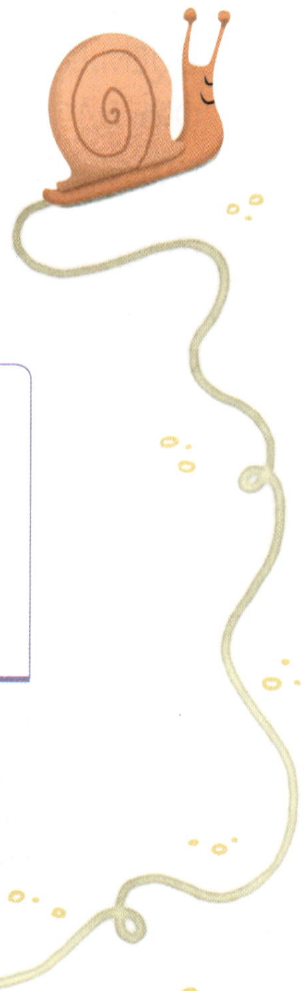

ME RESPONDA COM MUITA DETERMINAÇÃO:
QUEM DESENHA NA PAREDE E NO CHÃO
SEM CANETA, LÁPIS OU GIZ,

E DEIXA NA TERRA UMA ENORME CICATRIZ?
É O CARAMUJO QUE NÃO DESENHA PARADO
E FAZ UM TRAÇO BRILHANTE E TODO PRATEADO.

SELMA MARIA KUASNE. *UM PEQUENO TRATADO DE BRINQUEDOS PARA MENINOS QUIETOS*. SÃO PAULO: PEIRÓPOLIS, 2009. P. 40.

SEM CANETA, LÁPIS NEM GIZ FAZ UM TRAÇO BRILHANTE E TODO PRATEADO? ALGUÉM SABE COMO ISSO É POSSÍVEL?

VOCÊ JÁ VIU UM CARAMUJO ANDANDO? ELE DESENHA? E QUANDO ESTÁ PARADO? DESAFIO: TENTE EXPLICAR!

Bruna Assis Brasil/Arquivo da editora

Reprodução/Acervo particular

SELMA MARIA KUASNE É ARTISTA PLÁSTICA E ESCREVE PARA CRIANÇAS. SEUS POEMAS TRATAM PRINCIPALMENTE DE INFÂNCIA E DE BRINCADEIRAS.

TEXTO 5

ELE É ALEGRE E PELUDO
E NÃO TEM AMOR AO RATO
TEM O RABINHO COMPRIDO
PEGA BICHINHO NO MATO
MEXE COM ELE; ELE MIA
SABEM QUEM É? É O GATO.

ISAURA DE MELO SOUZA. *CRIANÇA RESPONDE* (CORDEL INFANTIL). SÃO PAULO: UMES/CPC, [S.D.].

UM DESAFIO: QUAL É A ÚNICA DIFERENÇA NA ESCRITA DAS PALAVRAS **RATO**, **MATO** E **GATO**?

E VOCÊ DIRIA QUE ESSAS PALAVRAS RIMAM? POR QUÊ?

Bruna Assis Brasil/Arquivo da editora

TEXTO 6

VIVE MUITO DENTRO D'ÁGUA
EM RIOS, NÃO EM MARÉ
PARECE UMA LAGARTIXA
É CASCUDO ATÉ O PÉ
ENTROU NA ÁGUA, ELE ENGOLE
QUEM É ELE? O JACARÉ.

ISAURA DE MELO SOUZA. *CRIANÇA RESPONDE* (CORDEL INFANTIL). SÃO PAULO: UMES/CPC, [S.D.].

AS PALAVRAS DESTACADAS RIMAM. VOCÊ LEMBRA O QUE É RIMA, NÃO É MESMO?

DURANTE A LEITURA DOS TEXTOS 7 E 8, DA PÁGINA SEGUINTE, TENTE LOCALIZAR OUTRAS RIMAS.

NO TEXTO, FOI FEITA UMA COMPARAÇÃO ENTRE ELE E UM BICHO. QUAL? E POR QUÊ?

Bruna Assis Brasil/Arquivo da editora

CONVITE LITERÁRIO

TEXTO 7

O RABO DELE É DE PENAS
ORGULHOSO E BONITÃO
ALTO COMO O AVESTRUZ
NA BELEZA É CAMPEÃO
O NOME COMEÇA COM PA
SABEM QUEM É? É O PAVÃO.

ISAURA DE MELO SOUZA. *CRIANÇA RESPONDE* (CORDEL INFANTIL). SÃO PAULO: UMES/CPC, [S.D.].

TEXTO 8

PARENTE DO DROMEDÁRIO
É BEM MACIO SEU PELO
É TRANSPORTE NO DESERTO
É CORCUNDA E NÃO TEM ZELO
PARECE UM ELEFANTE
QUEM É O BICHO? É O CAMELO.

ISAURA DE MELO SOUZA. *CRIANÇA RESPONDE* (CORDEL INFANTIL). SÃO PAULO: UMES/CPC, [S.D.].

Ilustrações: Bruna Assis Brasil/Arquivo da editora

VOCÊ SABIA QUE O LUGAR MAIS COMUM DE ENCONTRAR CAMELOS É O DESERTO?

DESERTOS SÃO LUGARES INÓSPITOS, ISTO É, EM QUE É DIFÍCIL DE VIVER, MAS OS CAMELOS ESTÃO BEM ADAPTADOS A ISSO.

NAS AREIAS ESCALDANTES, SÃO USADOS COMO MEIO DE TRANSPORTE. COMEM QUALQUER COISA, INCLUINDO CACTOS, QUE SÃO PLANTAS CHEIAS DE ESPINHO, E CONSEGUEM FICAR VÁRIOS DIAS SEM BEBER ÁGUA. OS CAMELOS TÊM TRÊS PÁLPEBRAS QUE PROTEGEM OS OLHOS DE POEIRA E DE AREIA!

DE FATO, ELES SÃO ANIMAIS BEM RESISTENTES, NÃO É MESMO?

Reprodução/Acervo particular

ISAURA DE MELO SOUZA NASCEU NA CIDADE DE PANELAS, EM PERNAMBUCO, EM UMA FAMÍLIA DE POETAS. ELA JÁ PUBLICOU VÁRIOS CORDÉIS.

TEXTO 9

OVO

PARA COMEÇAR, VOCÊ SABE O QUE É UM OVO? ENTÃO, EXPLIQUE!

UMA CASINHA BRANCA,
SEM CHAVE E SEM TRANCA.

COUTINHO DE OLIVEIRA. IN: LUÍS DA CÂMARA CASCUDO. *DICIONÁRIO DO FOLCLORE BRASILEIRO*. 10. ED. RIO DE JANEIRO: EDIOURO, [S.D.]. P. 36.

AS PORTAS E AS JANELAS DE SUA CASA SÃO FECHADAS COM CHAVE OU COM TRANCA?
E AS DO OVO, COMO SE FECHAM?

LUÍS DA CÂMARA CASCUDO (1898-1986) NÃO É O AUTOR DESTA ADIVINHA. ELE FOI UM PESQUISADOR DA CULTURA BRASILEIRA QUE RECOLHEU ADIVINHAS (INCLUINDO ESSA QUE VOCÊ ACABOU DE CONHECER), LENDAS E CONTOS POPULARES QUE FAZEM PARTE DA TRADIÇÃO ORAL DO BRASIL.

1 **VOCÊ E OS COLEGAS CONSEGUIRAM ADIVINHAR AS RESPOSTAS? VOCÊS GOSTARAM DA BRINCADEIRA?**

2 **A MAIOR PARTE DAS ADIVINHAS TEVE COMO TEMA OS ANIMAIS. DE TODAS ELAS, QUAL É A SUA PREFERIDA? POR QUÊ?**

3 **JUNTE-SE A UM COLEGA E RELEIAM A ADIVINHA A SEGUIR.**

VIVE MUITO DENTRO D'ÁGUA
EM RIOS, NÃO EM MARÉ
PARECE UMA LAGARTIXA
É CASCUDO ATÉ O PÉ
ENTROU NA ÁGUA, ELE ENGOLE
QUEM É ELE? O JACARÉ.

ISAURA DE MELO SOUZA. *CRIANÇA RESPONDE* (CORDEL INFANTIL). SÃO PAULO: UMES/CPC, [S.D.].

Bruna Assis Brasil/Arquivo da editora

A) PENSEM EM UM ANIMAL.

B) CRIEM UMA ADIVINHA PARA ESSE ANIMAL, COMO FOI FEITO NA ESTROFE QUE VOCÊ LEU.

4 **VAMOS BRINCAR DE ADIVINHAR? É SÓ RESPONDER A ESTAS ADIVINHAS.**

A) O QUE É PRECISO PARA UM **LOBO** NÃO BOTAR MEDO EM NINGUÉM?

B) QUANDO É QUE UMA **MALA** PULA MUITO?

C) O QUE TEM NO MEIO DA **PISTA**?

5 **ADIVINHAS PASSAM DE GERAÇÃO EM GERAÇÃO E COSTUMAM SER TRANSMITIDAS ORALMENTE: UMA PESSOA DESAFIA A OUTRA A ACERTAR A RESPOSTA E, ASSIM, CADA VEZ MAIS PESSOAS VÃO CONHECENDO E DIVULGANDO A ADIVINHA.**

A) DIVULGUE, EM SUA CASA, AS ADIVINHAS LIDAS, CONVIDANDO UM ADULTO PARA LÊ-LAS COM VOCÊ!

B) DEPOIS, CONTE PARA O PROFESSOR E OS COLEGAS COMO FOI ESSA EXPERIÊNCIA.

6 **VAMOS PESQUISAR ADIVINHAS?**

A) PERGUNTE EM SUA CASA QUEM CONHECE ALGUMA ADIVINHA E PEÇA PARA LHE CONTAR.

B) ANOTE NO CADERNO. SE PRECISAR, PEÇA AJUDA A QUEM LHE CONTOU A ADIVINHA.

7 **COM A AJUDA DO PROFESSOR, VOCÊS VÃO MONTAR UM MURAL COM AS ADIVINHAS DA TURMA. ASSIM, TODOS VÃO PODER LÊ-LAS E BRINCAR DE DESCOBRIR AS RESPOSTAS. VAMOS LÁ?**

A) MOSTREM AOS COLEGAS AS ADIVINHAS ANOTADAS NO CADERNO.

B) ESCOLHAM UMA ADIVINHA DE CADA COLEGA DO GRUPO.

- SE ACHAREM QUE HÁ MAIS DE UMA ADIVINHA INTERESSANTE, SELECIONEM MAIS DE UMA.

C) ESCREVAM AS ADIVINHAS ESCOLHIDAS EM UM PAPEL SEPARADO E COLEM O PAPEL NO MURAL DA SALA.

- SE QUISEREM, USEM CANETAS E LÁPIS COLORIDOS PARA ENFEITAR OS TEXTOS.

D) REESCREVAM TAMBÉM A ADIVINHA QUE VOCÊS CRIARAM NA ATIVIDADE 3 E COLEM NO MURAL.

E) PARA FICAR MAIS DESAFIADOR:

- NÃO ESCREVAM A RESPOSTA DAS ADIVINHAS NO PAPEL. A IDEIA É QUE OS COLEGAS LEIAM E TENTEM ADIVINHAR CADA UMA DELAS.
- DEIXEM AS RESPOSTAS EM UMA FOLHA À PARTE.

F) COM A AJUDA DO PROFESSOR, MONTEM O MURAL DA SALA: "VAMOS BRINCAR DE ADIVINHAR?".

AGORA QUE O MURAL ESTÁ PRONTO, É HORA DE LER E APRECIAR AS ADIVINHAS!

SE GOSTAREM DA IDEIA, É POSSÍVEL CONVIDAR COLEGAS DE OUTRAS TURMAS PARA CONHECER O MURAL DE VOCÊS.

BIBLIOGRAFIA

BAGNO, Marcos. *Nada na língua é por acaso*: por uma pedagogia da variação linguística. São Paulo: Parábola, 2007.

_________. *O preconceito linguístico*. 2. ed. São Paulo: Loyola, 1999.

BAKHTIN, Mikhail. *Estética da criação verbal*. 6. ed. São Paulo: WMF Martins Fontes, 2011.

BORGES, Flávia Girardo Botelho. Os gêneros textuais em cena: uma análise crítica de duas concepções de gêneros textuais e sua aceitabilidade na educação no Brasil. *Revista Brasileira de Linguística Aplicada* [*on-line*]. 2012, v. 12, n. 1, p. 119-140.

BRASIL. Ministério da Educação. *Base Nacional Comum Curricular*. Brasília, 2017. Disponível em: <http://basenacionalcomum.mec.gov.br>. Acesso em: 30 maio 2018.

BRASIL. Secretaria de Educação Fundamental. Programa de Formação de Professores Alfabetizadores (Profa). Brasília: MEC/SEF, 2001.

CASTORINA, José Antonio; FERREIRO, Emília et al. *Piaget-Vygotsky*: novas contribuições para o debate. São Paulo: Ática, 2000.

CAVALCANTI, Jauranice Rodrigues. *Professor, leitura e escrita*. São Paulo: Contexto, 2010.

COELHO, Nelly Novaes. *Literatura infantil*: teoria, análise, didática. São Paulo: Moderna, 2002.

COLL, César. *O construtivismo na sala de aula*. São Paulo: Ática, 2006.

_________. *Psicologia e currículo*. São Paulo: Ática, 1998.

COLOMER, Teresa; CAMPS, Anna. *Ensinar a ler, ensinar a compreender*. Porto Alegre: Artmed, 2002.

DIONISIO, Angela Paiva. *Gêneros textuais e ensino*. São Paulo: Parábola, 2017.

DOLZ, Joaquim; SCHNEUWLY, Bernard. Gêneros e progressão em expressão oral e escrita – Elementos para reflexões sobre uma experiência suíça (francófona). In: ROJO, Roxane; CORDEIRO, Glaís Sales (Org.). *Gêneros orais e escritos na escola*. Tradução de Roxane Rojo e Glaís Sales Cordeiro. Campinas: Mercado de Letras, 2004.

FERREIRO, Emília. *Alfabetização, letramento e construção de unidades linguísticas*: Seminário Internacional de Leitura e Escrita – Letra e Vida. Promovido pela Secretaria da Educação do Estado de São Paulo.

_________. *Cultura escrita e educação*: conversas de Emília Ferreiro com José Antonio Castorina, Daniel Goldin e Rosa Maria Torres. Porto Alegre: Artmed, 2000.

HADJI, Charles. *Avaliação desmistificada*. Porto Alegre: Artmed, 2001.

JOLIBERT, Josette. *Formando crianças leitoras*. Porto Alegre: Artmed, 1994.

_________. *Formando crianças produtoras de textos*. Porto Alegre: Artmed, 1995.

KATO, Mary Aizawa (Org.). *A concepção da escrita pela criança*. Campinas: Pontes, 2002.

KAUFMAN, Ana Maria; RODRIGUEZ, Maria Elena. *Escola, leitura e produção de textos*. Porto Alegre: Artes Médicas, 1995.

KLEIMAN, Angela. *Oficina de leitura*: teoria e prática. Campinas: Pontes, 2012.

MARCUSCHI, Luiz Antônio. *Da fala para a escrita*: atividades de retextualização. 9. ed. São Paulo: Cortez, 2008.

NEMIROVSKY, Myriam. *O ensino da linguagem escrita*. Porto Alegre: Artmed, 2002.

RAMOS, Jânia M. *O espaço da oralidade na sala de aula*. São Paulo: Martins Fontes, 1997.

ROJO, Roxane. *Falando ao pé da letra*: a constituição da narrativa e do letramento. São Paulo: Parábola, 2010.

_________. *Letramentos múltiplos*: escola e inclusão social. São Paulo: Parábola, 2009.

SCHOLZE, Lia; RÖSING, Tania Mariza Kuchenbecker (Org.). *Teorias e práticas de letramento*. Brasília: Instituto Nacional de Estudos e Pesquisas Educacionais Anísio Teixeira, 2007.

SMOLKA, Ana Luiza Bustamante. *A criança na fase inicial da escrita*: a alfabetização como processo discursivo. São Paulo: Cortez, 2012.

TEBEROSKY, Ana (Org.). *Contextos de alfabetização inicial*. Porto Alegre: Artmed, 2004.

_________; CARDOSO, Beatriz. *Reflexões sobre o ensino da leitura e da escrita*. Campinas: Ed. da Unicamp; Petrópolis: Vozes, 1993.

_________; COLOMER, Teresa. *Aprender a ler e a escrever*: uma proposta construtivista. Porto Alegre: Penso, 2003.

ZUNINO, Delia Lerner de. *Ler e escrever na escola*: o real, o possível e o necessário. Porto Alegre: Artmed, 2002.

LIGAMUNDO

LÍNGUA PORTUGUESA

LUZIA FONSECA MARINHO
MARIA DA GRAÇA BRANCO

CADERNO DE ATIVIDADES

NOME: ______________________________ TURMA: ________

ESCOLA: ______________________________

1º ano

Ensino Fundamental • Anos Iniciais

Editora Saraiva
São Paulo – 1ª edição – 2018

Editora Saraiva

Direção geral: Guilherme Luz
Direção editorial: Luiz Tonolli e Renata Mascarenhas
Gestão de projeto editorial: Tatiany Renó
Gestão e coordenação de área: Alice Silvestre e Camila De Pieri Fernandes
Edição: Marina S. Lupinetti (editora), Débora Teodoro e Marina Caldeira Antunes (assist.)
Gerência de produção editorial: Ricardo de Gan Braga
Planejamento e controle de produção: Paula Godo, Roseli Said e Marcos Toledo
Revisão: Hélia de Jesus Gonsaga (ger.), Kátia Scaff Marques (coord.), Rosângela Muricy (coord.), Ana Paula C. Malfa, Daniela Lima, Gabriela M. Andrade, Luiz Gustavo Micheletti Bazana; Amanda Teixeira Silva e Bárbara de Melo Genereze (estagiárias)
Arte: Daniela Amaral (ger.), Catherine Saori Ishihara (coord.), Kleber de Messas (edição de arte)
Diagramação: MRS Editorial
Iconografia: Sílvio Kligin (ger.), Claudia Bertolazzi (coord.) e Fernanda Gomes (pesquisa iconográfica)
Licenciamento de conteúdos de terceiros: Thiago Fontana (coord.), Liliane Rodrigues, Luciana Sposito e Angra Marques (licenciamento de textos), Erika Ramires, Luciana Pedrosa Bierbauer e Claudia Rodrigues (analistas adm.)
Tratamento de imagem: Cesar Wolf e Fernanda Crevin
Ilustrações: Biry Sarkis, Ricardo Dantas
Design: Gláucia Correa Koller (ger.), Erika Tiemi Yamauchi Asato (proj. gráfico e capa) e Talita Guedes da Silva (capa)
Foto de capa: Samuel Borges Photography/Getty Images
Ilustração de capa: Ideário Lab

Avenida das Nações Unidas, 7221, 1º andar, Setor A – Espaço 2 – Pinheiros – SP – CEP 05425-902
SAC 0800 011 7875
www.editorasaraiva.com.br

2022
Código da obra CL 800638
CAE 627909 (AL) / 627911 (PR)
1ª edição
8ª impressão

Impressão e acabamento: A.R. Fernandez

Uma publicação SOMOS EDUCAÇÃO

APRESENTAÇÃO

CARO ALUNO,

ESTE CADERNO DE ATIVIDADES FOI PRODUZIDO EXCLUSIVAMENTE PARA AJUDÁ-LO A AMPLIAR OS ESTUDOS REALIZADOS EM SALA DE AULA E A COLOCAR EM PRÁTICA OS CONHECIMENTOS QUE VOCÊ ESTÁ CONSTRUINDO.

AQUI VOCÊ ENCONTRARÁ PROPOSTAS ESTIMULANTES QUE COMPLEMENTAM O TRABALHO REALIZADO EM SEU LIVRO. POR MEIO DA LEITURA DE TEXTOS E DA REALIZAÇÃO DE ATIVIDADES DIVERSIFICADAS, VOCÊ TERÁ A OPORTUNIDADE DE COMPLEMENTAR SEUS ESTUDOS E DE REFLETIR SOBRE OS CONTEÚDOS ESTUDADOS.

ESPERAMOS QUE VOCÊ DESENVOLVA SEU APRENDIZADO SOBRE A LÍNGUA PORTUGUESA DE MANEIRA CADA VEZ MAIS AUTÔNOMA E, COM ISSO, DESEJE CONTINUAR APRENDENDO SEMPRE.

BOM TRABALHO!

AS AUTORAS.

Biry Sarkis/Arquivo da editora

SUMÁRIO

OLÁ, AMIGOS!

QUADRINHA

1 LEIA A QUADRINHA A SEGUIR.

SONHEI QUE ERA UM CAVALO
QUE CORRIA O MUNDO INTEIRO
ACORDEI, TINHA COMIDO
O CAPIM DO TRAVESSEIRO.

DA TRADIÇÃO POPULAR.

Ilustrações: Biry Sarkis/Arquivo da editora

A) ASSINALE AS PALAVRAS QUE APARECEM NA QUADRINHA.

☐ CACHORRO

☐ TRAVESSEIRO

☐ CAPIM

☐ CAMA

B) COMPLETE O NOME DO ANIMAL QUE APARECE NA QUADRINHA.

C		V		L	

C) PINTE AS PALAVRAS DA QUADRINHA QUE SE DESTACAM E TÊM SONS FINAIS PARECIDOS.

NOME

2 LEIA ESTA QUADRINHA.

SOU JOANA FACEIRA
NASCIDA LÁ NO SERTÃO
DANÇO QUADRILHA LIGEIRA
COM MINHA SAIA BALÃO.

DA TRADIÇÃO POPULAR.

Biry Sarkis/Arquivo da editora

A) CIRCULE O NOME QUE APARECE NA QUADRINHA.

JULIANA **JÚLIA** **JOANA** **ANA**

B) QUANTAS LETRAS HÁ EM CADA UM DOS NOMES A SEGUIR?

JULIANA ☐ JÚLIA ☐

JOANA ☐ ANA ☐

- CIRCULE O MAIOR NOME E SUBLINHE O MENOR.

3 ESCREVA:

A) O SEU NOME.

....

B) O NOME DO PROFESSOR.

....

C) O NOME DE UM COLEGA DA TURMA.

....

LETRAS DO ALFABETO

4 LEIA A QUADRINHA A SEGUIR. ELA FOI ESCRITA FALTANDO UMA PALAVRA.

Ilustrações: Biry Sarkis/Arquivo da editora

FUI À FEIRA COMPRAR ....
ENCONTREI UMA CORUJA
EU PISEI NO RABO DELA
ME CHAMOU DE CARA SUJA.

DA TRADIÇÃO POPULAR.

A) LEIA AS PALAVRAS ABAIXO EM VOZ ALTA. DEPOIS, ASSINALE A PALAVRA QUE COMPLETA A QUADRINHA.

DICA: É O NOME DE UMA FRUTA.

☐ UNHA

☐ UVA

☐ URUBU

☐ SUCO

B) LEIA NOVAMENTE A QUADRINHA E CIRCULE AS PALAVRAS QUE SE DESTACAM E TÊM SONS FINAIS PARECIDOS.

5 ASSINALE A PRIMEIRA LETRA DA PALAVRA **FEIRA**.

- [ ] B
- [ ] T
- [ ] F
- [ ] P

■ QUAL É A ÚLTIMA LETRA DA PALAVRA **FEIRA**? [ ]

6 LEIA ESTA PALAVRA.

CORUJA

■ AGORA, PINTE ABAIXO O GRUPO EM QUE TODAS AS LETRAS APARECEM NA PALAVRA QUE VOCÊ LEU.

C V O	C R J
B L T	G L A

Biry Sarkis/Arquivo da editora

7 EM CADA QUADRO, CIRCULE O ELEMENTO QUE NÃO É UMA LETRA DO ALFABETO.

A	W	?	J
H	!	Q	L
★	M	Y	S
B	Z	P	%

HISTÓRIAS SEM PALAVRAS

NARRATIVA POR IMAGENS

1 AS IMAGENS A SEGUIR CONTAM UMA HISTÓRIA. IMAGINE E DESENHE UM FINAL PARA ESSA HISTÓRIA.

Biry Sarkis/Arquivo da editora

ORDEM ALFABÉTICA

2 LEIA O ALFABETO.

A B C D E F G H I
J K L M N O P Q R
S T U V W X Y Z

A) ESCOLHA E CIRCULE UMA LETRA.

- ESCREVA DUAS PALAVRAS QUE COMECEM COM ESSA LETRA.

....

B) AGORA, PINTE COM LÁPIS:

- A LETRA QUE VEM DEPOIS DO **D**.
- A LETRA QUE VEM ANTES DO **I**.
- A LETRA QUE VEM ANTES DO **O**.

3 LEIA O NOME DOS ANIMAIS A SEGUIR.

Africa Studio/Shutterstock

GATO

Eric Isselee/Shutterstock

LEÃO

Computer Earth/Shutterstock

BALEIA

photomaster/Shutterstock

VACA

- ESCREVA ESSES NOMES EM ORDEM ALFABÉTICA.

....

....

PALAVRAS COM SONS FINAIS PARECIDOS

4 LIGUE AS PALAVRAS QUE TÊM SONS FINAIS PARECIDOS.

CENOURA

ESPELHO

Ilustrações: Biry Sarkis/Arquivo da editora

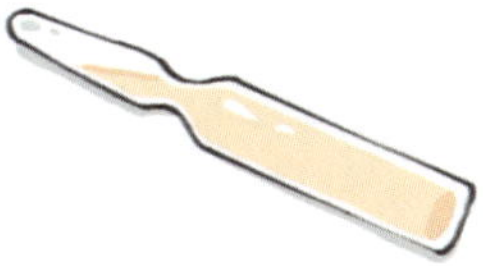

AMPOLA

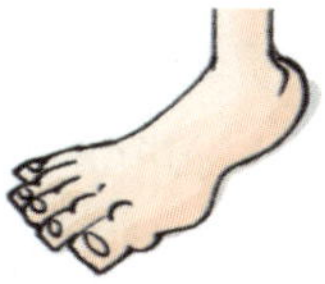

PÉ

JOELHO

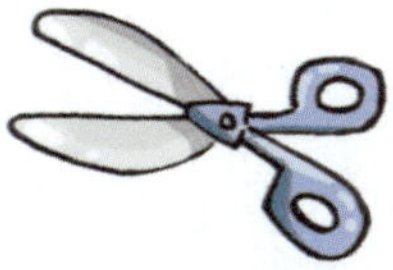

TESOURA

JACARÉ

CEBOLA

5 OBSERVE AS FIGURAS E COMPLETE AS PALAVRAS.

CO..........................

..........................OLA

..........................LA

MOL..........................

Ilustrações: Biry Sarkis/Arquivo da editora

TROPEÇA NA PRESSA

TRAVA-LÍNGUA

1 LEIA ESTE TRAVA-LÍNGUA.

A ARANHA ARRANHA A JARRA
A JARRA ARRANHA A ARANHA
NEM A ARANHA ARRANHA A JARRA
NEM A JARRA ARRANHA A ARANHA.

DA TRADIÇÃO POPULAR.

Ilustrações: Biry Sarkis/Arquivo da editora

A) QUANTAS VEZES A PALAVRA **ARANHA** APARECE NO TEXTO? ☐

B) QUANTAS VEZES APARECE A PALAVRA **JARRA**? ☐

C) AGORA, COMPLETE O TRAVA-LÍNGUA ABAIXO SUBSTITUINDO O DESENHO PELA PALAVRA.

A  .... ARRANHA A JARRA

A JARRA ARRANHA A  ....

NEM A  .... ARRANHA A JARRA

NEM A JARRA ARRANHA A  ....

2 OBSERVE ESTA CENA.

Biry Sarkis/Arquivo da editora

A) ASSINALE A FRASE QUE DESCREVE O QUE ESTÁ ACONTECENDO NA CENA.

- [ ] O RATO VESTE A ROUPA DO REI.
- [ ] O RATO RÓI A ROUPA DO REI.
- [ ] O RATO ROUBOU A ROUPA DO REI.
- [ ] O RATO CONSERTOU A ROUPA DO REI.

B) OBSERVE AS FIGURAS E LEIA AS PALAVRAS.

Biry Sarkis/Arquivo da editora

RATO

Biry Sarkis/Arquivo da editora

REI

- QUE LETRA SE REPETE NAS DUAS PALAVRAS? [ ]

C) AGORA, COMPLETE AS PALAVRAS COM A LETRA QUE FALTA.

.................ÁDIO

.................AIO

.................ELÓGIO

Ilustrações: Biry Sarkis/Arquivo da editora

PALAVRAS COM LETRAS IGUAIS

3 **LEIA ESTE TRAVA-LÍNGUA.**

TECELÃO TECE O TECIDO
EM SETE SEDAS DE SIÃO
TEM SIDO A SEDA TECIDA
NA SORTE DO TECELÃO.

DA TRADIÇÃO POPULAR.

Ilustrações: Biry Sarkis/Arquivo da editora

A) DE ACORDO COM O TEXTO, O QUE O TECELÃO TECE?

☐ TECIDO 

☐ TAPETE 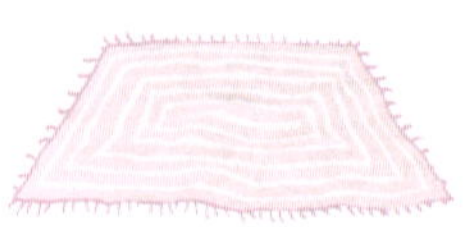

☐ TEIA 

☐ TÁBUA 

B) COMPLETE O TRAVA-LÍNGUA COM AS PALAVRAS QUE FALTAM.

.... TECE O TECIDO

EM SETE .... DE SIÃO

TEM SIDO A SEDA ....

NA .... DO TECELÃO.

C) COPIE AS PALAVRAS DO TEXTO QUE COMEÇAM COM A LETRA **S**.

■ QUAIS DESTAS OUTRAS PALAVRAS TAMBÉM COMEÇAM COM A LETRA **S**?

Ilustrações: Biry Sarkis/Arquivo da editora

☐ SAPO ☐ SORVETE ☐ COLA

D) AGORA, COPIE AS PALAVRAS DO TEXTO QUE COMEÇAM COM A LETRA **T**.

■ QUAIS DESTAS OUTRAS PALAVRAS TAMBÉM COMEÇAM COM A LETRA **T**?

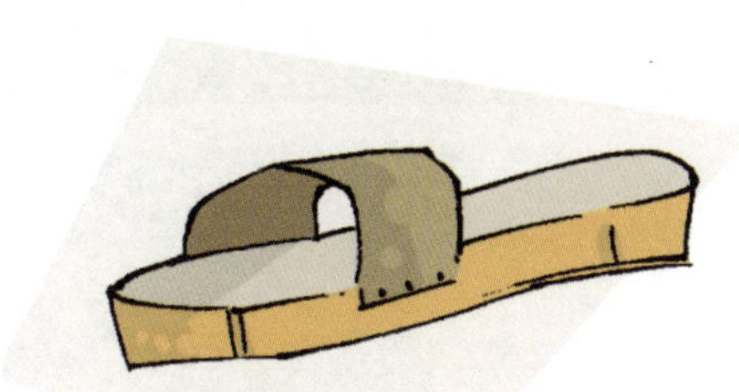

Ilustrações: Biry Sarkis/Arquivo da editora

☐ TAMANCO ☐ DEDO ☐ TELEFONE

BRINCADEIRA TAMBÉM TEM REGRA

TEXTO COM INSTRUÇÕES E REGRAS

1 QUAL DESTAS SEQUÊNCIAS DE IMAGENS ENSINA A DESENHAR UM GATO?

☐

Lyudmyla Kharlamova/Shutterstock

☐

Ilustrações: Biry Sarkis/Arquivo da editora

PALAVRAS COM SONS INICIAIS E FINAIS PARECIDOS

2 LEIA ESTA PALAVRA.

CAMELO

A) QUAIS DESTAS PALAVRAS COMEÇAM COMO A PALAVRA **CAMELO**?

Ilustrações: Biry Sarkis/Arquivo da editora

☐ CABANA ☐ LANTERNA

☐ CAJU ☐ COCADA

B) QUAIS DESTAS PALAVRAS TERMINAM COMO A PALAVRA **CAMELO**?

☐ NOVELO ☐ CHINELO ☐ CANETA ☐ ESTOJO

3 **ESCREVA UMA PALAVRA PARA REPRESENTAR CADA IMAGEM A SEGUIR.**

DICA: ESCREVA UMA LETRA EM CADA QUADRINHO.

☐☐☐☐☐☐

☐☐☐☐☐☐

A) COMPARE AS DUAS PALAVRAS QUE VOCÊ ESCREVEU E PINTE AS LETRAS IGUAIS.

B) ESSAS PALAVRAS:

☐ COMEÇAM DO MESMO JEITO, MAS TERMINAM DIFERENTE.

☐ COMEÇAM E TERMINAM DO MESMO JEITO.

LETRAS T E D

4 COMPLETE AS PALAVRAS COM AS LETRAS **T** OU **D**.

CADEA.........O

Yulia Yudaeva/Shutterstock

CA.........ERNO

Butterfly Hunter/Shutterstock

PE.........ECA

Fotogroove/Shutterstock

CABI.........E

aperturesound/Shutterstock

LA.........A

Frotos/Shutterstock

.........APETE

creativesunday/Shutterstock

SEPARAÇÃO DE PALAVRAS

5 OS NOMES DE ANIMAIS A SEGUIR FORAM ESCRITOS JUNTOS. FAÇA UM TRAÇO PARA SEPARÁ-LOS.

BALEIARATOMACACOPATO

A) QUANTOS NOMES VOCÊ ENCONTROU?

....

B) AGORA, COPIE OS NOMES NAS LINHAS.

....

....

ANOTE AÍ!

LISTA

1 FAÇA UMA LISTA COM NOMES DE FRUTAS QUE VOCÊ CONHECE.

2 MARQUE ABAIXO TODAS AS PALAVRAS QUE COMEÇAM COM A SEXTA LETRA DO ALFABETO.

- [ ] MALA
- [ ] TRAVESSEIRO
- [ ] FEIJÃO
- [ ] COBERTOR
- [ ] FRAMBOESA
- [ ] PASSAGEM
- [ ] FAROFA
- [ ] ROUPA
- [ ] FIGO

■ AS PALAVRAS QUE VOCÊ MARCOU FARIAM PARTE DE UMA LISTA DE:

- [ ] ALIMENTOS.
- [ ] ITENS DE VIAGEM.
- [ ] BRINQUEDOS.
- [ ] MATERIAL ESCOLAR.

3 LEIA A LISTA ABAIXO.

COBRA
PAPAGAIO
CAVALO
RATO
MINHOCA
GATO
COELHO
ELEFANTE

A) ESSA É UMA LISTA DE:

- [ ] ALIMENTOS.
- [ ] COMPRAS.
- [ ] JOGOS.
- [ ] ANIMAIS.

B) CIRCULE OS NOMES DA LISTA QUE COMEÇAM COM A MESMA LETRA.

C) AGORA, ESCREVA EM ORDEM ALFABÉTICA AS PALAVRAS QUE VOCÊ CIRCULOU.

....

....

....

- COMO VOCÊ DESCOBRIU A ORDEM ALFABÉTICA DESSAS PALAVRAS?

  - [ ] OBSERVANDO A PRIMEIRA LETRA DE CADA PALAVRA.
  - [ ] OBSERVANDO A SEGUNDA E A TERCEIRA LETRA DE CADA PALAVRA.
  - [ ] OBSERVANDO A ÚLTIMA LETRA DE CADA PALAVRA.

ORDENAÇÃO DE PALAVRAS

4 ORGANIZE AS PARTES DE CADA PALAVRA E ESCREVA O NOME DE CADA ANIMAL.

reptiles4all/Shutterstock

CA JA RÉ

cynoclub/Shutterstock

RA A RA

Eric Isselee/Shutterstock

CA FO

Eric Isselee/Shutterstock

FA GI RA

lalitoShutterstock

TU TA

freedom100m/Shutterstock

LO GA

Rosa Jay/Shutterstock

CO MA CA

DFLC Prints/Shutterstock

RU U BU

Kletr/Shutterstock

BA TU RÃO

QUANTIDADE DE LETRAS NAS PALAVRAS

5 ANOTE NO PRIMEIRO QUADRINHO A LETRA QUE SE REPETE EM CADA PALAVRA. NO SEGUNDO QUADRINHO, ANOTE QUANTAS VEZES ELA APARECE.

ABELHA	☐	☐	BABUÍNO	☐	☐
GALINHA	☐	☐	CORVO	☐	☐
SUCURI	☐	☐	PERIQUITO	☐	☐

6 ESCREVA UMA LISTA DE PALAVRAS COM O NÚMERO DE LETRAS INDICADO EM CADA QUADRO.

3 LETRAS

4 LETRAS

7 LEIA ESTES NOMES DE PERSONAGENS DE HISTÓRIAS FAMOSAS.

ALADIM	PINÓQUIO	ELSA
BELA	CINDERELA	MOGLI

A) CIRCULE O NOME QUE TEM MAIS LETRAS.

- QUANTAS LETRAS ESSE NOME TEM? ☐

B) PINTE OS NOMES QUE TÊM O MESMO NÚMERO DE LETRAS.

- QUANTAS LETRAS ESSES NOMES TÊM? ☐

C) QUE NOME TEM OITO LETRAS? ....

8 COMPLETE A CRUZADINHA USANDO AS PALAVRAS DO QUADRO.

DICA: CONTE O NÚMERO DE QUADRINHOS.

4 LETRAS	5 LETRAS	6 LETRAS	7 LETRAS	8 LETRAS
FOCA	PEIXE	ARANHA	TUBARÃO	JOANINHA
TATU	ARARA	CAMELO	GALINHA	MARITACA

VAMOS CANTAR?

CANTIGA

1 LEIA UMA CANTIGA.

NA BAHIA TEM,
TEM, TEM, TEM.
NA BAHIA TEM, Ô MANINHA,
COCO DE VINTÉM.

DA TRADIÇÃO POPULAR.

Biry Sarkis/Arquivo da editora

A) QUAL É O NOME DO FRUTO QUE APARECE NA CANTIGA?

DICA: COMEÇA COM A LETRA **C**.

....

- QUANTAS LETRAS ESSA PALAVRA TEM? ☐

B) A CANTIGA AFIRMA QUE TEM COCO:

☐ NA BAHIA. ☐ NO COQUEIRO. ☐ NA MANINHA.

C) DE QUAL DESTES DOCES O COCO É O PRINCIPAL INGREDIENTE?

Paulo Vilela/Shutterstock

☐ BRIGADEIRO

G.Evangelista/Opção Brasil Imagens

☐ GOIABADA

Paulo Vilela/Shutterstock

☐ COCADA

2 CIRCULE AS FRUTAS QUE TÊM O NOME INICIADO PELA LETRA C.

Cbenjasuwan/Shutterstock

Vinicius Tupinamba/Shutterstock

Iurii Kachkovskyi/Shutterstock

gresei/Shutterstock

jopelka/Shutterstock

Best_photo_studio/Shutterstock

- AGORA, ESCREVA O NOME DAS FRUTAS QUE VOCÊ CIRCULOU.

....

....

3 OBSERVE ESTA CENA.

Biry Sarkis/Arquivo da editora

- QUE CANTIGA AS CRIANÇAS DA ILUSTRAÇÃO PODERIAM ESTAR CANTANDO NESSA CENA? PENSE EM UMA E ESCREVA UM TRECHO DELA ABAIXO.

....

....

....

RIMA

4 **A CANTIGA ABAIXO ESTÁ SEM ALGUMAS LETRAS. LEIA O TEXTO EM VOZ ALTA E TENTE DESCOBRIR QUE LETRAS ESTÃO FALTANDO.**

DICA: AS PALAVRAS QUE ESTÃO INCOMPLETAS RIMAM COM ALGUMA DAS PALAVRAS DESTACADAS.

CORRE **CUTIA**

NA CASA DA T ....

CORRE **CIPÓ**, NA CASA DA V ....

LENCINHO NA **MÃO**

CAIU NO CH .... ,

MOÇA BONITA

DO MEU CORAÇ ....

UM, DOIS, TRÊS.

DA TRADIÇÃO POPULAR.

A) AGORA, COMPLETE AS PALAVRAS DA CANTIGA.

B) COPIE AS PALAVRAS QUE VOCÊ COMPLETOU AO LADO DAQUELA COM QUE ELAS RIMAM.

CUTIA ....

CIPÓ ....

MÃO ....

C) ESCREVA OUTRAS PALAVRAS QUE RIMEM.

CUTIA	CIPÓ	MÃO

ESPAÇO ENTRE PALAVRAS

5 **ESCOLHA UM LÁPIS DE COR E PINTE OS ESPAÇOS ENTRE AS PALAVRAS NESTA CANTIGA.**

SAPO CURURU
NA BEIRA DO RIO
SAPO QUANDO CANTA, MANINHA
É PORQUE TEM FRIO

DA TRADIÇÃO POPULAR.

Biry Sarkis/Arquivo da editora

- AGORA, ESCREVA A QUANTIDADE DE PALAVRAS DE CADA VERSO DESSA CANTIGA.

VERSO 1 ☐ VERSO 3 ☐

VERSO 2 ☐ VERSO 4 ☐

6 **SEPARE COM UM TRAÇO AS PALAVRAS DOS VERSOS A SEGUIR. DEPOIS, REESCREVA CADA VERSO DANDO ESPAÇO ENTRE AS PALAVRAS.**

A) NABAHIATEM

....

B) CORRECUTIA

....

C) LENCINHONAMÃO

....

- QUANTAS PALAVRAS CADA VERSO TEM?

A ☐ B ☐ C ☐

MUNDO DAS FÁBULAS

FÁBULA

1 LEIA ESTA FÁBULA.

O CACHORRO E SEU REFLEXO

ERA UMA VEZ UM CACHORRO QUE CARREGAVA UM PEDAÇO DE CARNE QUE HAVIA ENCONTRADO. MAS, COMO QUERIA COMÊ-LO TRANQUILO, DECIDIU LEVAR O TROÇO NA BOCA PARA CASA. JÁ A CAMINHO, ENCONTROU UM RIACHO E RESOLVEU CAMINHAR PELAS MARGENS.

ENQUANTO ANDAVA, OLHOU PARA A ÁGUA, QUE CORRIA TRANQUILA, E ESTANCOU, SURPRESO, AO VER OUTRO CACHORRO, LÁ DE DENTRO, COM UM PEDAÇO DE CARNE NA BOCA OLHANDO PARA ELE! O POBRE NEM IMAGINAVA QUE ERA SEU REFLEXO. O ÚNICO PENSAMENTO DELE NAQUELE INSTANTE É QUE DEVIA PEGAR TAMBÉM O OUTRO PEDAÇO DE CARNE. ENTÃO, AVANÇOU E MORDEU A IMAGEM REFLETIDA NA ÁGUA. É CLARO QUE O PEDAÇO DE CARNE DE VERDADE CAIU NO RIACHO E FOI LEVADO COM A ÁGUA PARA NUNCA MAIS VOLTAR.

A GULA MATA MAIS QUE A ESPADA.

VIC PARKER (ORG.). *200 FÁBULAS DE ESOPO*. BARUERI: GIRASSOL, 2014. P. 266-267.

Biry Sarkis/Arquivo da editora

A) PARA ONDE O CACHORRO ESTAVA INDO E O QUE ELE LEVAVA?

....

B) NO CAMINHO, O QUE HAVIA NA ÁGUA QUE CHAMOU A ATENÇÃO DO CACHORRO?

- [ ] O REFLEXO DELE MESMO.
- [ ] OUTRO CACHORRO.

C) LOCALIZE E CIRCULE NO TEXTO A PALAVRA **ESTANCOU**. O QUE ELA SIGNIFICA?

- [ ] PAROU
- [ ] FUGIU

D) O CACHORRO LARGOU O PEDAÇO DE CARNE PORQUE:

- [ ] GOSTOU DE VER SUA IMAGEM NA ÁGUA.
- [ ] IMAGINOU QUE HAVIA OUTRO PEDAÇO DE CARNE NA ÁGUA.

E) ESSA FÁBULA É SOBRE:

- [ ] A GULA.
- [ ] A CORAGEM.

F) LOCALIZE E CIRCULE NO TEXTO A MORAL DESSA FÁBULA.

2 **SUBSTITUA AS IMAGENS POR PALAVRAS E COMPLETE ESTE TRECHO DA FÁBULA.**

O CACHORRO E SEU REFLEXO

ERA UMA VEZ UM  .... QUE CARREGAVA UM PEDAÇO DE  .... QUE HAVIA ENCONTRADO. MAS COMO QUERIA COMÊ-LO TRANQUILO, DECIDIU LEVAR O TROÇO NA BOCA PARA  .... JÁ A CAMINHO, ENCONTROU UM  .... E RESOLVEU CAMINHAR PELAS MARGENS.

Ilustrações: Biry Sarkis/Arquivo da editora

DIVISÃO DAS PALAVRAS

3 **LEIA ESTAS PALAVRAS EM VOZ ALTA E COM ATENÇÃO.**

PEDAÇO	☐	ENCONTRADO	☐	ÁGUA	☐
BOCA	☐	PENSAMENTO	☐	VER	☐

- AO PRONUNCIÁ-LAS, EM QUANTAS PARTES ELAS FORAM DIVIDIDAS? ESCREVA NOS QUADRINHOS.

4 **COMPLETE AS PALAVRAS COM AS PARTES QUE ESTÃO FALTANDO. DEPOIS, COPIE AS PALAVRAS INTEIRAS.**

DICA: USE O QUADRO ABAIXO AO COMPLETAR AS PALAVRAS.

BRE   I   CA   NE   CHO   DA

CAR ....

..........MAGEM

PE .... ÇO

RIA ....

..........MINHAR

PO ....

5 **ESCREVA UMA PALAVRA QUE COMECE COM A PARTE FINAL DA PALAVRA ANTERIOR. OBSERVE O EXEMPLO.**

BO**CA** → **CA**VA**LO** → **LO**BO → **BO**LACHA

CA**MA** ....

VERDA**DE** ....

IMAGINA**VA** ....

6 AS PARTES DAS PALAVRAS ABAIXO ESTÃO EMBARALHADAS. COLOQUE-AS EM ORDEM E ESCREVA AS PALAVRAS.

gresei/Shutterstock

MÃO MA

....

Eric Isselee/Shutterstock

CO POR

....

WorldWide/Shutterstock

JA LA NE

....

LZ Images/Shutterstock

NA BA NA

....

Dado Photos/Shutterstock

TE PE CA

....

Yeamake/Shutterstock

DEI RA CA

....

7 ESCREVA O QUE SE PEDE, COLOCANDO UMA LETRA EM CADA QUADRINHO.

DICA: OBSERVAR AS LETRAS JÁ PREENCHIDAS E LEMBRAR DE FÁBULAS CONHECIDAS PODE AJUDAR A DESVENDAR AS PALAVRAS!

A) NOME DE UM ANIMAL.

C	A						

B) PARTE TRASEIRA DO CORPO DE UM ANIMAL.

R	A		

C) COMIDA SERVIDA PELA RAPOSA À CEGONHA.

S	O		

D) NOME DE UMA AVE QUE TEM A CAUDA PARECIDA COM UM LEQUE.

P	A			

E) ANIMAL QUE SUBIU NAS COSTAS DO LEÃO.

R	A		

CONTE OUTRA VEZ!

CONTO ACUMULATIVO

1 LEIA O TEXTO.

A GALINHAZINHA VERMELHA

A GALINHAZINHA VERMELHA **ESGRAVATAVA** O QUINTAL QUANDO ENCONTROU UM GRÃO DE TRIGO!

— QUEM VAI SEMEAR ESTE TRIGO? — PERGUNTOU ELA.

— EU NÃO — DISSE O PERU.

— NEM EU — DISSE O MARRECO.

— ENTÃO SEMEIO EU MESMA — DISSE A GALINHAZINHA VERMELHA, E SEMEOU O GRÃO DE TRIGO.

QUANDO O TRIGO FICOU MADURO, ELA PERGUNTOU:

— QUEM VAI LEVAR ESTE TRIGO ATÉ O MOINHO?

— EU NÃO — DISSE O PERU.

— NEM EU — DISSE O MARRECO.

— PODE DEIXAR QUE EU LEVO — DISSE A GALINHAZINHA VERMELHA, E LEVOU O TRIGO ATÉ O MOINHO.

QUANDO O TRIGO ACABOU DE SER MOÍDO, ELA PERGUNTOU:

— QUEM VAI FAZER PÃO COM ESTA FARINHA?

— EU NÃO — DISSE O PERU.

— NEM EU — DISSE O MARRECO.

— EU FAÇO, ENTÃO — DISSE A GALINHAZINHA VERMELHA, E FEZ PÃO COM A FARINHA.

QUANDO O PÃO FICOU PRONTO, ELA PERGUNTOU:

— QUEM VAI COMER ESTE PÃO?

— EU VOU! — DISSE O PERU.

— EU VOU! — DISSE O MARRECO.

ESGRAVATAR: REMEXER, CISCAR.

— NÃO, NÃO — DISSE A GALINHAZINHA VERMELHA. — VOCÊS, NÃO. VOU COMER TODO O PÃO, COM OS MEUS PINTINHOS.

— CLAC! CLAC! VENHAM COMER, QUERIDOS!

NATHA CAPUTO E SARA BRYANT. *HISTORINHAS DE CONTAR*. TRADUÇÃO DE JOSÉ AMARO. SÃO PAULO: COMPANHIA DAS LETRINHAS, 1999.

A) ONDE A GALINHAZINHA ENCONTROU O GRÃO DE TRIGO?

☐ NO QUINTAL. ☐ NO GALINHEIRO.

B) RELEIA O INÍCIO DA HISTÓRIA. QUE IMAGEM A SEGUIR REPRESENTA O QUE A GALINHA FAZIA NO QUINTAL?

☐ 

☐ 

C) LIGUE AS FRASES ÀS IMAGENS DE ACORDO COM OS TRABALHOS QUE A GALINHAZINHA REALIZOU.

A GALINHAZINHA SEMEOU O TRIGO.

A GALINHAZINHA FEZ O PÃO.

Ilustrações: Biry Sarkis/Arquivo da editora

PONTUAÇÃO

2 **LEIA ESTE TRECHO DO CONTO "A GALINHAZINHA VERMELHA".**

> QUANDO O TRIGO FICOU MADURO, ELA PERGUNTOU:
> — QUEM VAI LEVAR ESTE TRIGO ATÉ O MOINHO?
> — EU NÃO — DISSE O PERU.
> — NEM EU — DISSE O MARRECO.

A) CIRCULE A PERGUNTA QUE A GALINHAZINHA FEZ AO PERU E AO MARRECO.

B) RELEIA O CONTO E COPIE OUTRAS TRÊS PERGUNTAS QUE A GALINHA FEZ AO PERU E AO MARRECO.

....

....

....

C) NA ESCRITA, USAMOS UM SINAL DE PONTUAÇÃO NO FINAL DAS FRASES PARA INDICAR PERGUNTAS.

- ESCREVA ESSE SINAL DE PONTUAÇÃO. ☐

3 **COLOQUE O SINAL DE PONTUAÇÃO PARA COMPLETAR AS PERGUNTAS. OBSERVE O EXEMPLO.**

QUAL É O SEU NOME .... MEU NOME É FERNANDA.	→	QUAL É O SEU NOME**?** MEU NOME É FERNANDA.

A) QUAL É SUA COMIDA FAVORITA ....

MINHA COMIDA FAVORITA É MACARRÃO.

B) A QUE VOCÊ GOSTA DE ASSISTIR NA TELEVISÃO ....

EU GOSTO DE ASSISTIR A DESENHOS ANIMADOS.

LETRA G

4 **NO TEXTO "A GALINHAZINHA VERMELHA", APARECEM QUATRO AVES QUE VIVIAM NO QUINTAL.**

- ENCONTRE O NOME DESSAS AVES NO DIAGRAMA.

G	A	L	I	N	H	A	R	A	T
V	T	I	L	O	R	N	I	C	R
M	A	R	R	E	C	O	S	O	C
P	E	R	U	A	F	A	E	D	N
Q	S	X	U	I	P	E	L	M	O
P	I	N	T	I	N	H	O	S	H

Ilustrações: Biry Sarkis/Arquivo da editora

A) COPIE O NOME DAS AVES QUE VOCÊ ENCONTROU.

....

....

B) QUAL DESSAS PALAVRAS TEM A LETRA **G**?

....

5 **LIGUE AS COLUNAS.**

NOME DE PESSOA	GIRAFA
NOME DE UM ANIMAL	FIGO
NOME DE UM DOCE	GABRIEL
NOME DE UMA FRUTA	GOIABADA

- CIRCULE A LETRA **G** NAS PALAVRAS DA SEGUNDA COLUNA.

POESIA TODO DIA

POEMA

1 LEIA ESTE POEMA.

SABIÁ

VOCÊ SABIA
QUE O SABIÁ
É UM **SÁBIO**?

SABIÁ SABE ASSOBIAR.

SABIÁ **GORJEIA**
CEDINHO CANTA
NA LARANJEIRA.

SABIÁ MEIO-DIA
TOMA BANHO NO RIO.

SABIÁ DE TARDINHA
PIA UMA **LADAINHA**.

SABIÁ MANSINHO
SONHA NO SEU NINHO.

LIBÉRIO NEVES. *VOA, PALAVRA*. SÃO PAULO: FORMATO, 2012. P. 33.

Biry Sarkis/Arquivo da editora

SÁBIO: QUE SABE MUITO.
GORJEAR: CANTAR.
LADAINHA: CANTO REPETITIVO.

A) COPIE O TÍTULO DO POEMA.

....

B) SEGUNDO O POEMA, O SABIÁ SABE:

- [ ] ASSOBIAR.
- [ ] FALAR.
- [ ] NADAR.
- [ ] VOAR.

C) COMPLETE O QUADRO DE ACORDO COM O QUE O SABIÁ DO POEMA FAZ.

O QUE O SABIÁ FAZ?	QUANDO?	ONDE?
	CEDINHO	LARANJEIRA
TOMA BANHO		RIO
PIA		
SONHA		

D) RELEIA O ÚLTIMO TRECHO DO POEMA.

SABIÁ MANSINHO
SONHA NO SEU NINHO.

- EM QUE MOMENTO DO DIA O SABIÁ PROVAVELMENTE SONHA EM SEU NINHO?

☐ DE MANHÃ. ☐ À TARDE. ☐ À NOITE.

E) QUANTAS ESTROFES O POEMA "SABIÁ" TÊM? ☐

- E QUANTOS VERSOS TEM A TERCEIRA ESTROFE? ☐

F) COMPARE O POEMA "SABIÁ" COM O CONTO ACUMULATIVO "O CÉU ESTÁ CAINDO" QUE VOCÊ LEU NA UNIDADE 8 E ASSINALE AS ALTERNATIVAS CORRETAS.

☐ OS DOIS TEXTOS TÊM RIMAS.

☐ OS DOIS TEXTOS TÊM AVES COMO PERSONAGENS.

☐ APENAS O POEMA "SABIÁ" É DIVIDIDO EM ESTROFES.

☐ OS DOIS TEXTOS TÊM UM TÍTULO.

☐ NOS DOIS TEXTOS OS ANIMAIS FALAM.

RIMA

2 **RELEIA ESTE TRECHO DO POEMA "SABIÁ".**

SABIÁ GORJEIA
CEDINHO CANTA
NA LARANJEIRA.

Biry Sarkis/Arquivo da editora

- CIRCULE AS PALAVRAS DESSE TRECHO QUE RIMAM, OU SEJA, AQUELAS QUE TÊM SONS FINAIS PARECIDOS.

3 **COMPLETE O QUADRO COM PALAVRAS QUE RIMAM COM AS PALAVRAS INDICADAS.**

ASSOBIAR	CANTA	DIA

4 **LEIA ESTE POEMA E COMPLETE O ÚLTIMO VERSO COM UMA PALAVRA QUE RIME COM A PALAVRA DESTACADA.**

CANÇÃO DE INVERNO
"PINHÃO QUENTINHO!
QUENTINHO O **PINHÃO**!"
(E TU BEM JUNTINHO

DO MEU ....)

MÁRIO QUINTANA. *VARAL DE POESIA*.
SÃO PAULO: ÁTICA, 2003. P. 20.
© BY ELENA QUINTANA.

NH, LH E CH

5 **RELEIA ESTE TRECHO DO POEMA "SABIÁ".**

SABIÁ MEIO-DIA
TOMA BANHO NO RIO.

SABIÁ DE TARDINHA
PIA UMA LADAINHA.

SABIÁ MANSINHO
SONHA NO SEU NINHO.

A) PINTE AS PALAVRAS DESSE TRECHO QUE TÊM A LETRA **H**.

B) AGORA, COPIE AS PALAVRAS QUE VOCÊ PINTOU.

....

....

....

6 **LEIA AS PALAVRAS E AS EXPRESSÕES ABAIXO. ELAS SÃO TÍTULOS DE POEMAS.**

ANDORINHA   MACACALHO   DIA DO PALHAÇO   SONHO
BARRIGA CHEIA   GATO DA CHINA   GRALHA

- AGORA, ORGANIZE ESSAS PALAVRAS E EXPRESSÕES NO QUADRO. OBSERVE O EXEMPLO.

NH	CH	LH
ANDORI**NHA**		

7 DESCUBRA E ESCREVA O NOME DOS OBJETOS E DAS BRINCADEIRAS ABAIXO.

DICA: TODAS AS PALAVRAS TÊM **LH**, **NH** OU **CH**.

A) BRINQUEDO QUE PRODUZ SOM QUANDO CHACOALHADO. É UM INSTRUMENTO MUSICAL, E MUITOS BEBÊS ADORAM.

Tasha Cherkasova/Shutterstock

....

B) BONECOS QUE PODEM SER USADOS PARA ENCENAR UMA HISTÓRIA.

Jeremy Pembrey/Alamy/Fotoarena

....

C) BRINCADEIRA EM QUE O JOGADOR DEVE SALTAR ESPAÇOS NUMERADOS NO CHÃO.

NadyaEugene/Shutterstock

....

D) LUGAR ONDE ALGUNS PÁSSAROS PÕEM SEUS OVOS.

Dmitrijs Mihejevs/Shutterstock

....

E) SÃO FEITAS COM ÁGUA E SABÃO. DURAM APENAS ALGUNS SEGUNDOS E LOGO EXPLODEM NO AR.

Africa Studio/Shutterstock

....

F) CARRO EM MINIATURA PARA BRINCAR.

Vladimir Godnik/fStop/Getty Images

....

FICHA 2

LETRAS MÓVEIS.

A A A A A

Á B B C C

Ç D D E E

E E E É F

F G G H I

I I Í J J

FICHA 3

LETRAS MÓVEIS.

K	L	L	M	M
N	N	O	O	O
O	O	Ó	P	Q
R	R	S	S	T
U	U	U	U	Ú
V	W	X	Y	Z

FICHA 4

FICHA PARA O TRABALHO EM EQUIPE DA PÁGINA 36.

DADOS PESSOAIS

FOTO

NOME: ______________________________

____

NOME DOS FAMILIARES: ______________________________

____

____

____

ENDEREÇO: ______________________________

____

DATA DE ANIVERSÁRIO: ______________________________

GOSTO DE: ______________________________

SOU MUITO: ______________________________

GOSTO DE BRINCAR DE: ______________________________

MEU ANIMAL PREFERIDO É: ______________________________

FICHA 5

HISTÓRIA PARA A ATIVIDADE DA PÁGINA 47.

Ilustrações: David Martins/ Arquivo da editora

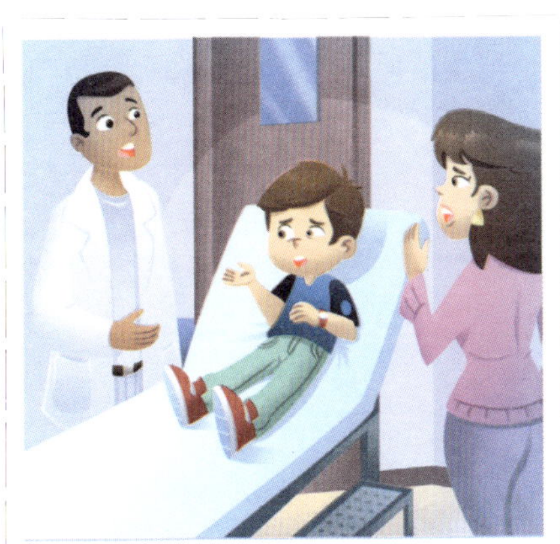

FICHA 6

HISTÓRIA PARA A ATIVIDADE DA PÁGINA 47.

Ilustrações: Ilustra Cartoon/
Arquivo da editora

FICHA 7

CARTAS PARA A ATIVIDADE DA PÁGINA 56.

ELEFANTE

GALINHA

URSO

LEÃO

COELHO

GATO

FICHA 8

CARTAS PARA A ATIVIDADE DA PÁGINA 56.

SAPO

PATO

CACHORRO

COBRA

JACARÉ

ZEBRA

FICHA 9

CARTAS PARA A ATIVIDADE DA PÁGINA 56.

GIRAFA

MACACO

PAPAGAIO

CAMELO

CAVALO

VACA

FICHA 10

PALAVRAS PARA A ATIVIDADE DA PÁGINA 100.

DEDO	**DOZE**	**ESCADA**
GELADO	**DELEGADO**	**BALDE**
SORVETE	**TATU**	**TOMATE**
TOURO	**JABUTI**	**VARETA**

FICHA 11

MATERIAL PARA A ATIVIDADE DA PÁGINA 117.

Patricia Lima/Arquivo da editora

FICHA 12

MATERIAL PARA A ATIVIDADE DA PÁGINA 117.

A

NOME	DATA
....	....
....	....
....	....
....	....
....	....
....	....
....	....

B

NOME	DATA
....	....
....	....
....	....
....	....
....	....
....	....
....	....

Patricia Lima/Arquivo da editora

C

NOME	DATA
....	....
....	....
....	....
....	....
....	....
....	....
....	....

D

NOME	DATA
....	....
....	....
....	....
....	....
....	....
....	....
....	....

FICHA 13

MATERIAL PARA A ATIVIDADE DA PÁGINA 117.

E

NOME	DATA

F

NOME	DATA

G

NOME	DATA

H

NOME	DATA

Patricia Lima/Arquivo da editora

FICHA 14

MATERIAL PARA A ATIVIDADE DA PÁGINA 117.

I

NOME	DATA

J

NOME	DATA

K

NOME	DATA
....	....
....	....
....	....
....	....
....	....
....	....
....	....

L

NOME	DATA
....	....
....	....
....	....
....	....
....	....
....	....
....	....

Patricia Lima/Arquivo da editora

FICHA 15

MATERIAL PARA A ATIVIDADE DA PÁGINA 117.

M

NOME	DATA
....	....
....	....
....	....
....	....
....	....
....	....
....	....

N

NOME	DATA
....	....
....	....
....	....
....	....
....	....
....	....
....	....

Patricia Lima/Arquivo da editora

O

NOME	DATA

P

NOME	DATA

Patricia Lima/Arquivo da editora

FICHA 16

MATERIAL PARA A ATIVIDADE DA PÁGINA 117.

Q

NOME	DATA

R

NOME	DATA

Patricia Lima/Arquivo da editora

S

NOME	DATA
....	....
....	....
....	....
....	....
....	....
....	....
....	....

T

NOME	DATA
....	....
....	....
....	....
....	....
....	....
....	....
....	....

Patricia Lima/Arquivo da editora

FICHA 17

MATERIAL PARA A ATIVIDADE DA PÁGINA 117.

U

NOME	DATA
....	....
....	....
....	....
....	....
....	....
....	....
....	....

V

NOME	DATA
....	....
....	....
....	....
....	....
....	....
....	....
....	....

W

NOME	DATA

X

NOME	DATA

Patricia Lima/Arquivo da editora

FICHA 18

MATERIAL PARA A ATIVIDADE DA PÁGINA 117.

Y

NOME	DATA

Z

NOME	DATA

FICHA 19

PALAVRAS PARA A ATIVIDADE DA PÁGINA 150.

TRÊS	NOITES	GALINHO
COITADINHO	POBREZINHO	JARDIM
BRANCO	AMARELO	CRISTA
VERMELHINHA	ASAS	BICO
MATO GROSSO	SERTÃO	CEARÁ

JOGO PARA A ATIVIDADE DA PÁGINA 226.